EL VENDEDOR DE

RESULTADOS

TÉCNICAS AVANZADAS DE VENTAS CON PROGRAMACIÓN NEUROLINGÜÍSTICA

Jaime Manzanera

JaManza.com

El vendedor de resultados
Segunda edición, julio 2019

©Jaime Manzanera, 2019
https://jamanza.com
info@jamanza.com

LinkedIn: https://www.linkedin.com/in/jamanza/
YouTube: http://bit.ly/JamanzaYouTube
Facebook: https://www.facebook.com/SalesNLP/
Twitter: https://twitter.com/jamanzanlp
Instagram: https://www.instagram.com/jamanza19/

Página de Autor de Amazon:
http://www.Amazon.com/author/jamanza

AGRADECIMIENTO

INFINITA GRATITUD, INFINITA

Quiero primero que todo darte gracias por darte la oportunidad de recibir este libro.

Y con esto en mente agradezco infinitamente a mi familia que me ha permitido explorar mi Ser. Comenzaré por mi Padre (Jaime Manzanera G) y mi Madre (Martha Lucía Jaramillo) a quienes les agradezco el permitir que desde muy corta edad mi espíritu de aprendiz se expandiese.

En este mismo grupo también agradezco a Carlos Medina Malo que me ha servido de ejemplo por su ética profesional y amor por su profesión. Sabes que con tu ejemplo te convertiste en un modelo de padre para mi.

A mi espectacular y extraordinaria esposa, mi socia de vida, ejemplo de Excelencia en todo lo que hace, infinitas gracias para ti. Honro la socia de vida que eres y el ejemplo que das a todos con tu constancia, elegancia, pasión, disciplina y facilidad para lograrlo todo. Y a tus padres por permitirte Ser.

Adicionalmente agradezco a mis hijos Daniela y Nicolás quienes me han obligado a reinventarme constantemente para estar a la altura de Ser su padre, con la grandeza de sus sueños y la forma de trabajar cada día para lograrlos.

Agradezco también a cada uno de mis clientes del mundo corporativo que me permitieron diseñar sus procesos de aprendizaje para facilitar sus resultados. Infinitas Gracias por permitirme facilitar sus resultados, permitirme modelar la excelencia en sus organizaciones y permitirme trabajar con cada una de las personas que componen sus equipos. Infinitas gracias.

También agradezco a todos los profesionales independientes, coaches, consultores, asesores, facilitadores, entrenadores, capacitadores y líderes que me han permitido facilitar sus resultados, en un mundo como el de hoy tiene mucho peso y es prioritario encontrar formas de lograr libertad, evolución y alegría para muchos.

Infinitas gracias a ustedes por permitirme multiplicar el impacto de mi misión.

Para mi ha sido un altísimo honor el poder estar al servicio de cada uno de ustedes.

Para ver una lista actualizada de mis clientes a quienes agradezco en este aparte de mi libro, ve a www.JaManza.Com y/o a www.evolvo.la.

Si por alguna razón tu nombre no está allí por favor házmelo saber.

Infinitas Gracias por permitirme vivir mi espiritualidad a través de servir a cada uno de ustedes, facilitando sus resultados.

Jaime Manzanera
Creador de ROL®
Co-creador de Spiritual Investors

CONTENIDO

INTRODUCCIÓN

Para empezar, recibe una cordial bienvenida y un agradecimiento por estar leyendo estas primeras líneas.

Comienza por ser consciente de qué fue lo que te atrajo de este libro. El título, la promesa, la portada, tus intenciones, tus resultados, tus deseos o el autor.

Una vez que tomes consciencia de aquello que te llamó la atención, quiero que te enfoques en encontrar cuales son las máximas intenciones que tienes al revisar este libro.

Tus intenciones pueden ser específicas o generales, tenlas presentes y asegúrate de hacer tu parte para cumplirlas.

Yo me comprometo contigo, hoy, acá y ahora a entregarte conocimiento práctico importante y necesario para que logres tus resultados.

Estos resultados pueden ser financieros, como aumentar tus ingresos derivados de tus ventas.

También pueden ser resultados de relación, donde te sentirás más cercano, más conectado y en sintonía con tus clientes y sus necesidades, todo esto como consecuencia del aumento en tu confianza y tu poder de influir en otros.

O pueden ser resultados de mejora de tus procesos de ventas, hacerlos más rápidos, más simples, más fluidos, más sencillos, más agradables y por ende menos costosos.

Las ventas pueden ser una actividad costosa en términos de tiempo, energía y dinero. Al crear, aprender y ejecutar un proceso podrás ahorrarte mucho tiempo, dinero y energía.

Otro tipo de resultados son los de crecimiento en tu capacidad de lograr resultados para tus clientes y para ti.

Y de todo esto se trata este libro: ¡Se trata de resultados!

Es así como hoy, acá y ahora me pongo @TuServicio y me comprometo contigo a acompañarte en esta jornada de aprendizaje donde las siguientes reglas son importantes:

Regla # 1 – Todo esto se trata de ti.

Cada palabra escrita, cada video entregado, cada formato, cada plantilla entregada a través de este libro y sus ayudas se tratan 100 % de ti.

Esta regla es muy importante por ser el principio de la Venta Consultiva, todo se trata del cliente; y por ser el principio espiritual de este libro y de las ventas que profeso.

Si, sé que la palabra espiritual está en el párrafo anterior y en este libro espero mostrar las diferentes facetas de la espiritualidad de las ventas.

Vuelve y juega, se ve extraña la combinación de espiritualidad y ventas, sin embargo por favor evita hacer juicios a priori.

Para mí, las ventas son un tema de resultados y son un tema espiritual. Y como todos los temas que combinan resultados y espiritualidad, forman parte de la evolución del ser humano.

JAIME MANZANERA

El ser vendedor es parte de este camino que ya has venido recorriendo o que estás próximo a iniciar.

Este libro sin lugar a duda te permitirá explorarlo con una perspectiva sistémica sobre tu ser y sobre el ser vendedor de resultados, incluyendo la perspectiva espiritual de las ventas.

Prepárate para recibir esta información práctica que te facilitará actualizar tu ser y llevar tus resultados al siguiente nivel.

Regla # 2 – La regla #1 es la única regla.

Con lo anterior en mente es que me he entregado de lleno a redactar este libro y su forma única de entregarte resultados. Para esto, voy a introducirte a la forma de acceder a las ayudas que te brinda.

En la dirección www.jamanza.com/resultados encontrarás ayudas que te servirán para navegar los contenidos de este libro.

La primera que deberías descargar es la gráfica de un proceso de venta completo, que te servirá para tener la visión completa de todo lo que compone este libro; al completar tu registro y el proceso, podrás acceder a este archivo descargable.

La segunda es una guía con preguntas que sugiero te hagas en cada uno de los pasos de este proceso para que, buscando estas respuestas, saques mayor provecho a tu tiempo leyendo el libro.

Ahora sí, nuevamente gracias por decidirte a leer mi libro, un libro escrito por un formador, por eso todas las ayudas que te estaré entregando hoy y por siempre.

1. Está el libro que puedes tener en formato impreso y/o en formato digital.

2. Está el grupo privado donde podrás contactarme a mi directamente. Este es un grupo privado en Facebook y WhatsApp, donde podrás preguntarme lo que quieras, cuando quieras, sobre tu ser, tu mente, tus ventas y tus resultados.

Yo estaré allí para responder antes de 24 horas a cualquiera de tus inquietudes y, si no sé la respuesta a tu pregunta relacionada con estos temas, la buscaremos juntos, soy un curioso explorador de la vida.

También al tener este libro en su versión digital o impresa, sin importar cómo llegó a tus manos, tienes derecho de por vida al acceso ilimitado a este grupo privado, solo ingresa a: www.jamanza.com/resultados, regístrate a la comunidad NLP4Sales y sigue las instrucciones.

A esta membresía puedes renunciar cuando quieras.

También tendrás acceso a unos videos con el acceso que recibirás al grupo privado a través de mi plataforma de entrenamientos grabados.

Bueno, después de esta muy completa introducción, acá va mi invitación para que saques el mayor provecho de este libro que por alguna razón llegó a tus manos.

Decide qué resultados quieres para ti, cuánto quieres aumentar tus ventas, tus ingresos y tu libertad.

De esto se tratará todo en este libro sistémico espiritual sobre las ventas.

Ventas de productos y servicios de alto valor por los resultados que entregan a tus clientes y por los resultados que te traen a ti como consecuencia.

Ventas donde está primero el cliente y el cliente de este libro eres tú. Ventas donde tu liderazgo es clave para asegurar que el cliente esté fascinado con tu servicio y tu producto.

Ventas de servicios de alto valor por los cuales tus clientes estarán muy agradecidos de pagar.

Yo soy tu vendedor de resultados.

@TuServicio
JaManza.com

UNIDAD I. SER

CAPÍTULO 1: CREENCIAS LIMITANTES

Vender es mucho más que ofrecer un determinado producto o servicio y, en el momento mismo en el que llegamos a comprender este punto fundamental, comenzamos a deshacernos de todas esas creencias que limitan nuestro éxito y que no permiten que desarrollemos las habilidades y destrezas necesarias para llegar a convertirnos en vendedores profesionales que obtienen resultados extraordinarios.

En la vida diaria, continuamente somos bombardeados con frases populares, refranes, creencias respecto a lo que se supone es un vendedor y muchas de esas creencias se quedan grabadas en nuestro inconsciente y resultan limitantes, por tanto, son altamente peligrosas para nuestro correcto desempeño profesional como coach; este es el momento de comenzar a olvidarse de todo eso y abrir la mente al conocimiento que estaré colocando en tus manos a partir de este primer capítulo.

Lo extraordinario es todo aquello que diferencia a unos pocos de la mayoría.

Si nuestra mente se encuentra llena de creencias limitantes, nunca vamos a poder convertirnos en personas extraordinarias en ningún ámbito de nuestras vidas, no solo aplica a las ventas. Son numerosos los estudios que demuestran que aproximadamente un 30 % de nuestra actitud ante la vida, se graba en nuestro ADN a medida que vamos creciendo y desarrollándonos.

A medida que desarrollamos nuestra personalidad vamos incorporando hábitos, formando nuestro carácter y definiendo nuestro sistema de valores.
Esto quiere decir entonces, que aproximadamente un 70 % de nuestras actitudes son algo que aprendemos y que elegimos, aunque lo hagamos de forma inconsciente.

Luis Rojas Marcos, Psiquiatra y Profesor, lo explica de la siguiente manera: «Nuestra verdadera herencia es la propia capacidad para hacer de nosotros mismos, no los esclavos de un destino labrado en nuestro ADN, sino sus forjadores».

Te lo digo en palabras más sencillas: los seres humanos somos forjadores de nuestro propio destino.

Todos y cada uno de nosotros tenemos la capacidad de aprender a desarrollar las habilidades que sean necesarias para conseguir el éxito en cualquier tipo de actividad que nos dispongamos a realizar. Pensar de otra manera, es limitar nuestro propio crecimiento personal y profesional.

Si quieres comenzar a diferenciarte de la mayoría y empezar a deshacerte de las creencias limitantes que han inundado tu inconsciente a lo largo de tu vida, te invito a que pienses por un instante en lo siguiente: la gran mayoría de las personas sufren de algo que yo suelo llamar «creenciomanía», es decir, son personas maniáticas de creer todo lo que otras personas les dicen.

Son individuos que están muy pendientes de los demás, del que dirán, de lo que los demás piensan y de sus opiniones, además, se sienten satisfechos cuando coinciden con personas que piensan de la misma manera respecto a lo que son y lo que hacen y en el plano de las ventas esto es un tema muy importante, se les llama los mitos en las ventas y pueden ser muy limitantes en nuestro camino al éxito.

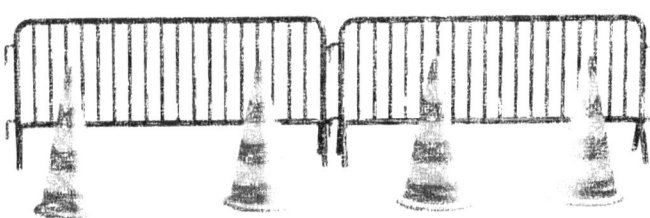

LOS MITOS EN LAS VENTAS

En este momento vamos a tratar algunos mitos referentes a las ventas que debemos desterrar totalmente de nuestro pensamiento, de nuestro vocabulario y de nuestras acciones para poder comenzar a alcanzar resultados satisfactorios.

Un buen profesional de cualquier área debe tener en claro a lo que se enfrenta, conocer perfectamente los retos y las reglas del juego si es que quiere salir victorioso de la batalla.

Los mitos en las ventas son muy comunes, y soy un gran conocedor de ellos dada la cantidad de años de experiencia que he acumulado durante mi trabajo como entrenador en ventas y por eso quiero ayudarte.

MITO # 1 – UN BUEN VENDEDOR ES AQUEL QUE MÁS HABLA

Este es tanto un mito como una creencia limitante. ¿Tú qué pensarías si yo te dijese que el vendedor que más habla es el que tal vez más evita vender profesionalmente?

¿Esto tiene algo de sentido para ti? Realmente supongo que no, por la creencia de que las personas buscan determinadas cualidades en un vendedor, como que sean habladores, que sean personas con la habilidad de ir y conversar con cualquier persona en cualquier momento y sobre cualquier tema.

Este es de hecho un error que no solo afecta a las personas que se dedican a las ventas en su camino profesional, sino que también nos afecta a nivel personal. Piénsalo de esta manera: tener la habilidad para comunicarnos eficientemente es una excelente herramienta, sin embargo, ¿qué tanto sabemos escuchar?, ¿por qué buscamos vendedores parlanchines, cuando realmente necesitamos vendedores que sepan escuchar nuestros problemas para poder ofrecer una solución eficiente?

Es lo mismo que ocurre en las relaciones personales. Muchas veces sin siquiera darnos cuenta, las conversaciones las convertimos en un monólogo donde solo nosotros hablamos y solo nosotros importamos, sin dar el espacio suficiente para que la otra persona comunique efectivamente sus ideas, sus necesidades, sus sentimientos. No damos espacio a que se genere empatía, no mostramos ninguna clase de interés por los demás.

MITO # 2 – SE NACE VENDEDOR
Las personas suelen pensar que un vendedor nace; que son individuos que por gracia de la naturaleza tienen incorporado en su ADN alguna clase de gen que los convierte automáticamente en buenos vendedores.

Cuando se habla sobre vendedores, siempre saltan comentarios como «yo nací vendedor» y, cuando indagas un poco a esa persona, el argumento que utiliza para justificar tal afirmación es algo así: «Es que desde que soy pequeño me gusta mucho el dinero, me gusta hacerles visitas a otros, conversar con la gente, ofrecerles cosas...».

Bien, ¿y eso es todo lo que necesita un buen vendedor? Sinceramente creo que no. Pienso que eso es reducir a la mínima expresión un concepto bastante amplio y con muchas aristas y matices.

Hay que analizar un poco este punto. ¿Qué pasaría si un vendedor fuese en realidad una persona que tiene un deseo compulsivo de generar valor en la vida de otras personas? No sería un poco más complejo el asunto si comenzáramos a pensar y entender que un vendedor es una persona que está enfocada en comprender, escuchar y recibir información para poder analizar, detectar, determinar, aclarar, concretar y solventar las necesidades de otras personas.

Siendo así, ¿de qué tanto le serviría a un sujeto nacer vendedor?, ¿de qué le serviría nacer con gusto por el dinero y por las conversaciones con los demás si no puede detectar y solventar sus necesidades? Ciertamente esa persona que supuestamente nació vendedora, necesitaría mucha instrucción y preparación para poder convertirse realmente en un vendedor profesional.

¡Hay que tener mucho cuidado con esto! Estos mitos son dañinos. Son creencias limitantes que nos desvían del camino que nos hemos trazado en busca de obtener resultados extraordinarios en el complejo mundo de las ventas.

Si quieres construir una carrera profesional extraordinaria como vendedor, es hora, desde este mismo momento, de que vayas limpiando tu mente de esos conceptos erróneos, mitos y creencias limitantes.

MITO # 3 – EL VENDEDOR JUEGA A ENGAÑARNOS

Lamentablemente, por norma general las personas tienen la creencia de que un vendedor es un sujeto que siempre está pendiente de encontrar la manera y el momento adecuado para tomar ventaja sobre las situaciones y las personas con las que trata.

Incluso muchas personas que se dedican a las ventas tienen grabado en su mente este concepto, es decir, lamentablemente no entienden cuál es el objetivo de su función profesional.

Tomar ventaja de las demás personas no es una acción legítima y tampoco es para nada afín a la filosofía de un buen vendedor. No es motivo de orgullo ser una persona que hace que a los clientes les vaya mal en el proceso de ventas, eso no es una cualidad, no es admirable... ¡Son mitos!

Existen individuos que piensan que un vendedor es una persona que promete y se compromete con cosas que sabe que no puede cumplir, que engaña para conseguir una simple venta.

Te hago las siguientes preguntas: ¿quieres ser ese vendedor o quieres ser un vendedor profesionalmente exitoso?, ¿quieres ser ese un vendedor cuyos clientes siempre quieran hacer negocios contigo porque no confían en nadie más? Si estás leyendo este libro es porque indudablemente quieres ser un vendedor profesionalmente exitoso, confiable, con ética y con valores, un vendedor que vaya donde vaya sea reconocido por su honestidad y al que todos quieran comprarle y con el que todos quieran hacer negocios.

MITO # 4 – MÁS AMIGOS, MÁS VENTAS
Este mito consiste en el pensamiento de que la persona que tenga muy buenos amigos vende más. Bien, esto puede ser cierto, aunque solo en el corto plazo.

Ciertamente, una persona con buenas relaciones puede vender mucho en el corto plazo, aunque puede terminar con muy pocos clientes en el mediano y largo plazo. Esto ocurre porque se tiene la creencia limitante de que las relaciones inmediatas son el único recurso y, quien hace esto, está perdiendo la oportunidad de prospectar, es decir, de buscar nuevos prospectos de manera continua para asegurar las ventas en el mediano y largo plazo.

Los amigos y conocidos inmediatos siempre son el primer recurso, no obstante, no debe ser el único dentro de nuestra estrategia de ventas.

MITO # 5 – GESTIÓN SOBRE RESULTADOS
Muchos vendedores piensan que es mejor que midan su desempeño en base a su gestión y no en base a sus resultados. ¿Y si te digo que una cosa no es excluyente de la otra?

Ambos parámetros no son sostenibles por sí solos y mucho menos si eres uno de esos vendedores que está buscando lo extraordinario.

Piénsalo de esta manera, si eres de esas personas que hace una gestión normal, tradicional y común, tus resultados serán entonces, normales y comunes; algunas veces te va a ir bien, otras veces te va a ir mal. Ese es el tipo de resultados que obtiene un vendedor común, resultados mediocres.

En cambio, los vendedores extraordinarios son aquellos que se encuentran día tras día mejorando su gestión y optimizando sus procesos, porque entienden que esa labor es directamente proporcional a los resultados extraordinarios que vayan a conseguir por su desempeño.

Los vendedores extraordinarios se hacen observadores de su propia gestión de ventas y la mejoran constantemente, superándose a sí mismos una y otra vez.

VALORES Y CREENCIAS

Finalmente, para terminar de entender la manera en que podemos librarnos de las creencias limitantes, tenemos que definir con claridad los conceptos de valores y creencias.

Los valores son nuestro barómetro interior. Ellos se van formando a medida que crecemos e incluso se van modificando a lo largo del tiempo y nos sirven para guiar las decisiones que tomamos en la vida. Si tomamos una decisión y nos sentimos a gusto con ella y bien con nosotros mismos, es porque estamos siendo coherentes con nuestro sistema de valores.

Las creencias, son aquellas afirmaciones que «creemos» con absoluta certeza, todas aquellas ideas que creemos ciertas independientemente de su veracidad.

Las creencias son un asunto inconsciente y tienen la particularidad de afectar la percepción que tenemos de nosotros mismos y de todo aquello que nos rodea.

Hay creencias positivas que nos impulsan a la acción y nos ayudan a conseguir cada uno de nuestros objetivos, mientras que hay otras que son negativas y muy nocivas.

Como puedes haber notado, en todo este capítulo me he encargado de intentar abrirte los ojos hacia detectar todas aquellas creencias limitantes que perjudican tu desarrollo profesional como vendedor y también tu crecimiento como ser humano, que nos restan energía y que nos impiden lograr todo aquello que nos hemos propuesto.

Para una Guía de Detección de Creencias Limitantes y su respectivo proceso de eliminación ingresa a www.jamanza.com/resultados y regístrate en la comunidad NLP4Sales, allí la podrás descargar y seguir las instrucciones para comenzar a cambiar tus resultados.

PLANEANDO LOGROS

Entonces, tenemos que tener en cuenta que nuestras ventas estarán ligadas a lo que en nuestro interior creamos que podamos lograr. De manera inconsciente, nos dedicamos a buscar el nivel de éxito que creemos merecer o que creemos que se encuentra dentro de nuestras posibilidades, basándonos en nuestro sistema de creencias. Es por esa razón que las creencias limitantes deben ser erradicadas de todas nuestras acciones.

En lugar de tener en la mente creencias limitantes, debemos reprogramar nuestra mente con creencias motivadoras e inspiradoras, que nos dirijan al cumplimiento de nuestros objetivos. Debes dejar de creerte el vendedor que eres hoy en día, porque ese es solo el punto de partida. Si quieres alcanzar el éxito profesional, debes decidir convertirte en un vendedor extraordinario, sin mitos, sin creencias limitantes, alguien que siempre apueste por la excelencia, por lo extraordinario.

¿Quieres lograrlo? Entonces establece metas, objetivos, traza una estrategia y mejórala continuamente. Prepárate para convertirte en una persona que destaca sobre la multitud, piensa y siente que puedes convertirte en una persona que logra mucho más que los demás, mas para esto, es esencial que conozcas con claridad tus valores principales, para poder alinearlos con tus objetivos y así gozar de un equilibrio entre tu vida personal y profesional.

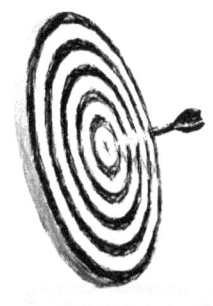

Recordatorio:
En la dirección www.jamanza.com/resultados encontrarás ayudas que te servirán para navegar los contenidos de este libro.

CAPÍTULO 2: QUÉ ES SER UN VENDEDOR

Si comenzamos por la definición más simple y académica de vendedor, nos encontramos con una palabra que proviene del latín vendĭtor, y se refiere a aquella persona que tiene encargada la venta o comercialización de productos o servicios de una compañía. Un concepto que, si lo tomamos solamente desde ese punto de vista, luce un tanto plano y carente de emoción.

La definición anterior es burda y le quita todos los matices a una profesión que en realidad resulta apasionante y que requiere el desarrollo y perfeccionamiento de un gran número de habilidades y destrezas para conseguir resultados por encima del promedio.

Aquellos que se denominan vendedores y toman su labor por la definición simple, son aquellos que están totalmente alejados de ser vendedores extraordinarios. Yo quiero que todas las personas que tengan este libro en sus manos, se dirijan por la senda de convertirse en vendedores extraordinarios, y para eso, tengo primero que demostrar que todos los estereotipos frívolos que rodean la figura del vendedor, son absolutamente falsos.

Ser un vendedor es algo tan simple y a la vez tan complejo; más que un trabajo u oficio, es un arte. Una labor donde tienes que convertirte en psicólogo, analista, orador, mago, técnico y hacerlo todo al mismo tiempo.

DEFINICIÓN DE VENDEDOR, DESDE DIFERENTES PERSPECTIVAS

Para entender mejor el concepto de lo que significa ser un vendedor, es necesario abordar el tema desde distintas perspectivas.

Para Philip Kotler y Gary Armstrong, autores del libro Fundamentos de Marketing, un vendedor es *«la persona que actúa a nombre de una empresa y que realiza una o más de las siguientes actividades: búsqueda de prospectos, comunicación, soporte y obtención de información».*

Según Laura Fischer y Jorge Espejo, un vendedor es *«la persona que hace de las ventas su forma habitual de vida y que forma parte de un equipo por medio del cual una organización vende determinado bien o servicio, ofreciéndole una remuneración por su trabajo».* Nótese como en este enfoque, llama la atención eso de hacer de las ventas nuestra forma de vida.

La American Marketing Association (A.M.A.) determina que un vendedor *«es una persona que está implicada ante todo en el proceso personal de asistir y/o de persuadir a los clientes potenciales para que compren un producto o servicio para el beneficio mutuo del comprador y el vendedor».*

Poco a poco vamos nutriendo el concepto. Ahora vemos que también se produce un intercambio y beneficio mutuo entre el comprador y el vendedor, más allá de enfocarse en la acción de vender.

ENTONCES, ¿QUÉ SIGNIFICA SER VENDEDOR?

Más allá de los conceptos académicos, de lo que no nos estamos dando cuenta es que todos nosotros somos vendedores sin siquiera estar conscientes de ello.

¡Todos nosotros vendemos todos los días! Vendemos nuestra imagen personal para encontrar trabajo, pareja y amigos. Utilizamos palabras bonitas, nos comportamos según las normas sociales, usamos perfumes deliciosos y vamos al salón de belleza a acicalarnos, ¿y todo para qué? ¡Para vender nuestra imagen personal!

Entonces, todos somos de alguna manera vendedores. Aunque por supuesto, no todos somos vendedores profesionales.
Un vendedor profesional es una persona capaz de descubrir las verdaderas necesidades del cliente y ofrecerle las soluciones más adecuadas y para eso, escuchar se convierte en la mejor herramienta de la que puede disponer un vendedor.

Un vendedor es una persona que posee un deseo compulsivo, casi patológico, de generar valor en la vida de otras personas. No vende un producto, en realidad desea y necesita satisfacer la necesidad de un cliente, y en ese proceso, obtienen beneficios económicos tanto él como la empresa o marca que representa.

Sin embargo, para poder satisfacer la necesidad de un cliente y solventar su problema, el vendedor necesita escuchar activamente, ya que es la única manera de sintonizar con el «problema» de la otra persona y poder encontrar la forma de solventarlo.

Si entendemos de esta manera el concepto, entonces comprendemos que las relaciones comerciales no se dan entre los productos y las empresas, sino entre las personas.

Solo una persona que logre desarrollar las habilidades necesarias para llamarse vendedor, puede ser capaz de analizar al cliente, conocer y entender sus motivaciones, interpretar su lenguaje no verbal, estar bien preparada para rebatir sus objeciones de manera empática, saber cerrar la venta en el momento más adecuado y conseguir la fidelidad del cliente. Esos, entre otros, son factores de vital importancia para un vendedor profesional, para un vendedor extraordinario.

SER VENDEDOR ES UNA PROFESIÓN APASIONANTE

El universo de las ventas no solo es mucho más que una profesión con muchas posibilidades laborales, sino que está lleno de matices que nos ayudan en nuestro desarrollo personal, en nuestro crecimiento como seres humanos y todo esto nos permite vivir los negocios y las ventas como una experiencia apasionante y definitivamente muy emocionante.

Ser un vendedor además de implicar trazar metas, imponerse retos, superar obstáculos, adquirir y poner en práctica nuevas habilidades constantemente y conocer personas, también tiene muchos beneficios personales al margen de los beneficios económicos, que también son importantes. Es importante que aprendamos un poco más de todos aquellos beneficios indirectos de la profesión.

CONOCES A PERSONAS INCREÍBLES

Ser vendedor te brinda la oportunidad de conocer a personas todos los días, permitiendo que nuestra mente se abra y nos volvamos un poco más flexibles. Los viajes y la interacción con personas de culturas y personalidades diferentes son procesos que no solo son satisfactorios, sino que resultan beneficiosos para nuestro crecimiento personal y espiritual, porque no olvidemos que conocer y conectarnos con otras personas e interactuar con ellas nos ayuda a nutrir nuestra alma con valiosas experiencias y aprendizajes que tienen valor fuera del contexto profesional. Siempre queda una anécdota que contar y algún personaje increíble al cual recordar.

ENCUENTRAS EL EQUILIBRIO ENTRE PROFESIONALISMO Y COMPLICIDAD

Justamente por el hecho de tener que tratar con una amplia gama de personas y personalidades, aprendes a encontrar el balance entre ser un buen vendedor y alcanzar tus metas con una gestión efectiva y una estrategia adecuada, y lo haces siendo alguien cercano porque has desarrollado la empatía, que es una habilidad que permite a las personas a conectarse con otros y así conseguir que se muestren más abiertos a expresar sus inquietudes y sus problemas.

Lo bueno de esto es que elimina el carácter acartonado que suele caracterizar a otras profesiones. Siendo un *coach* cómplice y cercano, puedes reunirte con clientes en un restaurant, disfrutar de una buena comida y mostrarte genuinamente interesado en sus asuntos personales, ya que entiendes que más que un cliente, es una persona que tiene necesidades y eso los hace sentir importantes. Incluso, puede que algún cliente se convierta en más que eso y se establezca un verdadero lazo de amistad.

CADA VEZ SERÁS MEJOR NEGOCIANTE

El hecho de sentir pasión por lo que haces y ver los beneficios que puedes obtener por ser bueno en tu trabajo, estimula tu efectividad. Cuando estamos en confianza con los clientes y los consideramos personas cercanas, optimizamos los esfuerzos para cerrar las ventas con resultados inmejorables. Incluso, aun cuando no logres cerrar una venta, el mismo hecho de ser constantes ayuda a desarrollar las habilidades que permiten contrarrestar los diferentes tipos de rechazo y se aprende a analizar las reacciones no verbales que tienen tus clientes cuando les hablas de tu producto, lo cual favorece que mejores tu discurso comercial y aprendas a adaptarlo mejor a tu *target*, y eso te hace ser un mejor negociante.

Ser vendedor es una carrera que permite adquirir confianza en nosotros mismos y en nuestras habilidades, comenzamos a ser mucho más influyentes con nuestras palabras y nuestra forma de actuar, y sobre todo, nos convertimos en excelentes receptores de información, lo cual no solo es importante para vender un producto, sino para relacionarnos con las personas en la vida cotidiana.

PIERDES EL MIEDO AL RECHAZO

Puede que suene un tanto cruel, sin embargo, es la verdad. No todo es color de rosas ni en la vida ni en las ventas. Todos sabemos que siempre existe la posibilidad de que nos cierren la puerta en la cara y sentimos temor a que esto pase, incluso, al principio ni siquiera sabemos cómo lidiar con ese rechazo, siendo esta la principal causa de desmotivación que tienen los vendedores novatos.

Sin embargo, en la vida es muy importante aprender a recibir un no por respuesta, eso nos sirve para recapacitar, para madurar y para crecer como persona, e incluso, para valorarnos mucho más. Perder el miedo al rechazo es un beneficio adicional que viene con la labor de vendedor.

SIEMPRE HAY UN NUEVO RETO, UNA NUEVA META

No todo termina cuando estrechamos la mano del cliente al cerrar una venta. Ese es apenas uno de los muchos escalones que continuamente estamos subiendo. Cerrar una venta es una experiencia gratificante, aunque no es el objetivo final, ya que en nuestro compromiso como vendedores siempre estamos en busca de nuevos prospectos; buscamos sorprender a los clientes con ofertas personalizadas o prestaciones únicas, cualquier cosa que garantice la fidelidad del cliente y nos distancie de la competencia.

La mente de un vendedor siempre está activa, pensando en donde va a encontrar los siguientes clientes, buscando la forma de cuidarlos y mantenerlos fieles a la compañía que representa.

Siempre hay un nuevo reto, siempre hay una nueva meta, siempre hay una forma de superarnos a nosotros mismos.

APRENDES A SER EFICIENTE

Al estar en la constante búsqueda de nuevas alternativas para ampliar la cartera de clientes y aprender de todas las personas que te rodean, adquieres una gran cantidad de hábitos que te ayudan a ser mucho más eficiente.

Se desarrolla la constancia para superar los rechazos y alcanzar las metas, y la autodisciplina y la motivación para mantenerse en el camino trazado hacia la meta, todo lo cual tiene repercusión en la eficiencia de nuestra gestión.

SER UN VENDEDOR EXTRAORDINARIO

Ya conocemos la teoría académica sobre lo que significa ser un vendedor y algunas de sus implicaciones y beneficios adicionales. Ahora bien, el camino a la excelencia depende de que comencemos a cambiar la forma en la que percibimos nuestra propia realidad.

¿Te has preguntado por qué no todas las personas logran lo extraordinario? Pues resulta que todas las personas venimos con una programación, es decir, con un aprendizaje que hemos obtenido de experiencias pasadas y esas programaciones se quedan fijadas en nuestro inconsciente, por lo tanto, no somos capaces de dominarlas de manera voluntaria.

Como te explicaba en el capítulo anterior, existe una serie de creencias limitantes que no permiten que avancemos hasta convertirnos en vendedores extraordinarios. Son esas las programaciones que hemos recibido desde nuestra niñez, asociadas generalmente a asuntos negativos, cosas que hemos visto, escuchado o experimentado por nosotros mismos y que se convierten en creencias capaces de limitar nuestro verdadero potencial.

Nuestra realidad *«es el resultado de los programas del pasado, lo pensado, lo sentido y lo hecho»*. Al repetir una y otra vez los mismos programas del pasado, estaremos obteniendo los resultados habituales, nada extraordinario. La buena noticia es que el ser humano es capaz de transformar su propia realidad. Como te dije anteriormente, los seres humanos somos forjadores de nuestro propio destino.

PODEMOS DESPROGRAMARNOS

Por medio del mismo mecanismo por el que hemos recibido las programaciones que nos limitan el éxito, podemos desaprender y reprogramarnos.

Las programaciones son afirmaciones, declaraciones que hemos escuchado o que hemos visto en otras personas. Lo que debemos hacer es reconocer esas creencias limitantes que tenemos programadas, lo podemos lograr si ubicamos las fuentes de esa información.

Allí podemos comenzar a marcar las diferencias entre las cosas que hemos aprendido y nos han dado buenos resultados y las cosas que nos llevan a conseguir resultados mediocres.

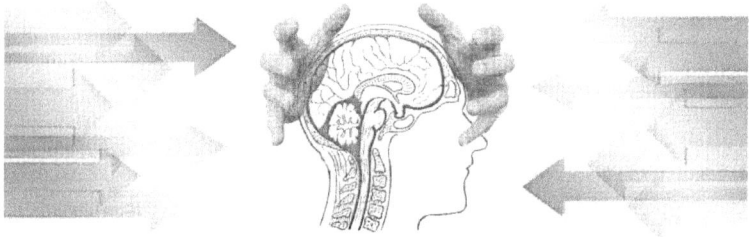

Se trata de un ejercicio intenso de autoconocimiento, y la mejor parte es que puedes comenzar a desprogramarte en este mismo instante.
Lo primero que vamos a hacer es comenzar a ubicar las fuentes de programación verbal, todo aquello que hemos escuchado en el pasado. Cosas como «cierren la puerta, que ahí viene un vendedor», como si los vendedores fueran un ser infernal y perverso, son cosas que se quedan grabadas en el inconsciente.

Si te reconoces víctima de una programación similar, entonces comienza a leer frases inspiradoras de grandes personajes del mundo de las ventas y comenzarás a notar la enorme diferencia, obtendrás resultados diferentes.

Recordatorio:
En la dirección www.jamanza.com/resultados encontrarás ayudas que te servirán para navegar los contenidos de este libro.

JAIME MANZANERA

CAPÍTULO 3: PARA QUÉ SER UN PROFESIONAL EN VENTAS

Cualquier persona puede desarrollar las habilidades y destrezas necesarias para convertirse en un profesional en ventas, más allá de las habilidades innatas. Por supuesto, las habilidades para una comunicación efectiva o la capacidad de mantener la calma en momentos de tensión, son ejemplo de habilidades con las que muchos nacen y resultan muy útiles al momento de vender, pero más allá de eso, todas las habilidades necesarias para ser un vendedor extraordinario pueden ser aprendidas y dominadas si se posee un factor determinante: pasión por las ventas.

LA PASIÓN Y LO EXTRAORDINARIO

La pasión es una virtud que nos facilita el camino hacia conseguir lo extraordinario en todos los aspectos de nuestra vida.

Yo creo firmemente que la zona de pasión es la que determina el éxito o el fracaso en nuestras vidas, no solo a nivel profesional.

Así como existen personas que pueden estar dentro de la zona de la agresión, la zona de resignación o la terrible y muy conocida zona de confort, así mismo, podemos alcanzar a vivir dentro de la zona de pasión. Y ese es justamente uno de los compromisos más grandes que he adquirido al momento de pensar y escribir cada palabra de este libro.

Creo firmemente en que todas las personas tienen el derecho de ser felices y experimentar lo gratificante que resulta vivir en la zona de pasión. Quiero que comiences a sentir que puedes hacerlo desde este mismo instante, sin pensar en ninguna excusa ni poner ninguna objeción.

Repite en voz alta y con plena convicción y fe en ti mismo: «yo decido, a partir de hoy vivir únicamente dentro de mi zona de pasión». Haz que esa frase resuene dentro de ti, dentro de tu corazón y dentro de tu espíritu y comenzarás a notar los resultados extraordinarios que provienen de vivir con pasión cada instante de nuestra vida.

La gran mayoría de las personas no entiende cómo es posible vivir y ser feliz haciendo algo que les apasiona, esto se debe a que tienen la creencia errónea de que la felicidad es el destino final, un resultado en lugar de un estado.

Personalmente, siempre he sido una persona feliz, que acostumbra a vivir con pasión e intensidad y disfruta a plenitud cada aspecto de la vida. Aunque esa es una cualidad que se aprende muchas veces en base a tropiezos, porque la vida no resulta sencilla para nadie, nacemos con el potencial de ser felices y vivir con pasión, sin embargo, debemos desarrollarlo constantemente y aprender a no aplazar la felicidad, sin que nos importe demasiado lo que ocurre en el exterior, porque sentir felicidad es un asunto personal.

LA MOTIVACIÓN DEL VENDEDOR PROFESIONAL

Todos somos de alguna manera vendedores. Bien, este es un rasgo inconsciente que todos los seres humanos poseemos; siempre estamos en busca de una retribución, buscamos ganancias que nos permitan solventar nuestros deseos y anhelos... ¡Y no siempre se trata de temas materiales y tangibles!

JAIME MANZANERA

La mente humana trabaja en función de un por qué, de una motivación. Cuando somos jóvenes nos despertamos cada mañana por una motivación, cuando estudiamos la carrera que nos encanta y nos apasiona, nos dirigimos al instituto con fuerza y ganas, con ímpetu y la imperante necesidad de aprender y desarrollarnos como profesionales, obtener el título universitario y mostrarnos orgullosos del logro, de haber superado los obstáculos y de haber soportado los sacrificios que amerita ser un estudiante. Nos esforzábamos y nos sacrificábamos por una retribución, por una ganancia que era el título universitario y todo lo que aquello conlleva a nivel laboral.

Lo mismo ocurre en casi todos los aspectos de nuestras vidas, muy a pesar de que la mayoría de las veces ni siquiera somos plenamente conscientes de ello. Si buscamos que suceda en nuestra vida algo extraordinario, necesitamos encontrar la forma de alinear nuestro inconsciente con nuestros deseos y motivaciones, para que posteriormente puedan producirse los eventos extraordinarios que estamos anhelando disfrutar y vivir.

¡No vamos a engañarnos! Una de las cosas fundamentales en la vida moderna es el dinero. Y por lo general, se tiene la impresión de que los profesionales solo tienen una motivación y es justamente esa, el dinero.

Con frecuencia se escucha decir que las personas que se dedican a las ventas, solo lo hacen «por dinero».

Resumirlo de esa forma es plantearlo como una motivación simplista, ya que el dinero tiene importancia dentro de la sociedad en la que vivimos y tiene implicaciones de carácter físico y emocional que deben ser consideradas. Puede que el dinero no sea por sí mismo la causa de la felicidad, pero sí es una herramienta que nos permite solventar los gastos que debemos cumplir para llevar una vida plena, satisfactoria, sin limitaciones; llevar un estilo de vida adecuado para el desarrollo personal tanto de nosotros mismos como de las personas que se encuentran a nuestro alrededor. Date cuenta que he utilizado la palabra «herramienta» para referirme al dinero. Así lo considero, una herramienta, como algo que se usa a nuestro favor.

Con el dinero podemos ofrecerle a nuestra familia un techo digno, transporte adecuado, una cama cómoda, alimentos diariamente, podemos cubrir eventualidades de salud, brindarles una buena educación a nuestros hijos y algo de recreación; todas esas cosas, más que lujos, son necesidades básicas de toda persona, derechos humanos fundamentales que puede que nos estemos negando a nosotros mismos cuando tenemos pensamientos erróneos acerca de la importancia del dinero.

Seamos sinceros. Hablo únicamente por mí mismo al decir que siempre me ha encantado tener el suficiente dinero para brindar a mi familia todas las comodidades y el estilo de vida que creo se merecen. Y a mí en lo personal, me gusta servirme del dinero porque puedo comprar la ropa que me gusta, andar en el automóvil que quiero, vivir en el apartamento que me encanta y viajar a donde quiera sin limitaciones ni ataduras, eso se llama libertad. Más que el dinero, mi motivación personal es la libertad.

Y esa misma libertad me permite contribuir con otras personas, puedo dar a otros y afectar positivamente sus vidas, así que no se trata solamente de tener dinero para financiar mis caprichos personales, sino que siendo una persona exitosa puedo contribuir con organizaciones y particulares para generar bien colectivo.

Desde mi posición, puedo además servir de ejemplo, de modelo, e influenciar en las personas para que logren entender que todo es posible, que todos podemos forjar el destino que queremos.

Creo que el dinero se ha satanizado un poco, la mayoría de las personas tienen una relación errónea con el dinero por las mismas programaciones mentales que han recibido al respecto a lo largo de sus vidas.

Es necesario empezar a comprender que muchas veces el dinero se convierte en una forma de conseguir más rápidamente la solución a los problemas de nuestra vida cotidiana, eliminando muchas de las limitaciones habituales.

Es bastante sencillo: a menor limitación, mayor libertad. Y la libertad es una retribución que todos los seres humanos merecemos, es un derecho humano del que todos podemos gozar.

LA CLAVE SE ENCUENTRA EN DEFINIR PARA QUÉ QUIERES SER UN PROFESIONAL EXITOSO

Te he dado mis razones, mis motivaciones, mis para qué. Y eso solo debe servirte como una ilustración. Ahora debes comenzar a tener la suficiente claridad para definir las tuyas.

Podemos ganar dinero sin tener mayores motivaciones, aunque eso nos convierte en una persona mediocre, una persona que hace las cosas normales y obtiene resultados normales.

¿Quieres convertirte en un profesional extraordinario? Entonces comienza a definir la motivación subyacente para esa meta. Ve pensando en cada una de las razones por las cuales anhelas el éxito profesional en tu área de especialización. Sean cuales sean, son tus razones y todas son válidas; sin embargo, para alcanzar el éxito necesitamos un propósito, necesitamos un por qué, una razón que justifique la inversión de tiempo y esfuerzo que estamos colocando en la consecución del objetivo.

Solo tú eres capaz de determinar las razones por las cuales deseas alcanzar el éxito como profesional, es tu trabajo descubrir tus propios «por qué».

LA LIBERTAD ES UNA RETRIBUCIÓN QUE EL INCONSCIENTE AMA

Nuestro inconsciente es mucho más inteligente de lo que nosotros pensamos. De hecho, la gran mayoría de los conflictos y carencias con las que nos tropezamos en la vida se deben a la gran cantidad de programaciones negativas y erróneas que se han acumulado en nuestra mente inconsciente.

La gran mayoría de las personas del planeta se encuentran buscando algo o alguien que los ayude a solucionar sus problemas y a lograr lo que quieren. Pero la verdad del asunto es que no existe nada externo que pueda hacer que una persona logre lo que desea.

Todos los recursos y herramientas que necesitas para alcanzar tus metas y cumplir todos tus objetivos, se encuentran dentro de ti mismo.

Es por ello que, desde la introducción de este libro, te he mencionado que cada línea que aquí desarrollé, está centrada en ti, está pensada para potenciar tu crecimiento personal profesional y espiritual. Mi único compromiso es ayudarte a reconocer que es en ti mismo donde se encuentran escondidas las herramientas que te llevaran a ser una persona exitosa en cualquier ámbito. Por supuesto, mi trabajo se centra en el mundo de las ventas, pero los conceptos que manejo y que gradualmente te estoy brindando, trascienden la formación en venta para convertirse en una completa herramienta de desarrollo personal.

El cerebro humano puede ser educado constantemente y reprogramado de forma permanente. Prueba de ello es la facilidad con la que podemos adquirir nuevos hábitos. Todos nosotros, todas las personas, contamos con capacidades que permanecen ocultas, y cuando las despertamos, nos pueden llevar a conseguir todo aquello que nos propongamos en la vida.

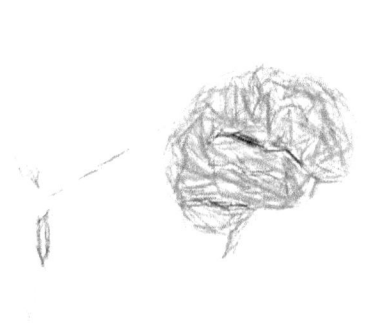

El problema radica en aprender a despertar y hacer florecer esas capacidades. Generalmente, permanecemos en un estado mental determinado. Cuando una persona llega a la edad de veintiún años, ya su mente tiene información almacenada que equivale a 100 veces el contenido de una enciclopedia. Imagina por un momento toda la información poco constructiva que tienes almacenada en la mente y que juega en tu contra cuando necesitas alcanzar un objetivo.

El trabajo de la mente inconsciente es almacenar información y proveer datos que permitan responder a los eventos de la manera en que hemos aprendido, de la manera en que hemos sido programados.

Tu mente inconsciente se encarga de que tú hagas y digas todo aquello que concuerda con tu programación mental. Esto se lleva a cabo por medio de un proceso subjetivo, desprovisto de razonamiento lógico. Simplemente se comporta como una emisora de comandos que responden a determinados estímulos, por eso controla nuestras acciones casi inevitablemente.

Todos esos patrones mentales, esquemas y programaciones, son los que se encargan de que permanezcas sentado dentro de tu zona de confort y todo aquello que resulte nuevo, te hará sentir incomodo, porque tu mente inconsciente intenta empujarte hacia atrás para protegerte de las eventualidades.

El problema es que algunas eventualidades no son negativas y nunca vamos a lograr alcanzar resultados extraordinarios ni a nivel profesional, ni en la vida, si permanecemos anclados en nuestra zona de confort.

Es por esa razón que las personas que constantemente obtienen resultados extraordinarios, lo hacen porque siempre están dispuestas a desafiarse a sí mismas, a retarse y obligarse a superar los obstáculos una y otra vez.

Es por ello que dicen que la magia solo ocurre cuando abandonamos nuestra zona de confort. Date cuenta que a las personas ricas les da pereza hacer las mismas cosas siempre, todo el tiempo se encuentran experimentando cosas nuevas, aprendiendo... Expanden su zona de confort y logran actuar a pesar del miedo y las limitaciones.

Entonces, la libertad que tanto anhelamos, proviene de un inconsciente que está luchando por ser libre. La libertad es una ganancia que la mente inconsciente ama y necesita, esa es su retribución. Y es una ganancia que nos afecta directamente a nosotros, porque nos hace entender que tenemos la posibilidad de elegir lo que queremos que nos ocurra y ese es el fundamento de la libertad.

Un vendedor tiene una gran ventaja sobre otros profesionales y es que puede elegir como manejar su propio tiempo, puedes establecer prioridades y asignar espacio para cosas igual de importantes que su carrera profesional.

La libertad implica además conseguir sentirnos satisfechos con lo que estamos haciendo. Sin embargo, para conseguir esa libertad, debemos sacar a nuestra mente de los estados mentales en los que nos sentimos víctimas, perdedores, y transformar nuestro pensamiento en un estado mental de alto desempeño. De creer que somos todo lo extraordinarios que deseamos ser.

La libertad y la satisfacción son las verdaderas razones por las que una persona desea convertirse en un profesional en ventas. Pero no solo la satisfacción personal, sino la satisfacción de saber que de alguna manera contribuimos a dar solución a los problemas que afectan a las demás personas, porque eso somos, unos compulsivos generadores de valor, de soluciones y de alegrías. Es por eso que cada uno de nosotros debe sentirse feliz y orgulloso de pertenecer a esta profesión.

JAIME MANZANERA

CAPÍTULO 4: COMPETENCIAS DE UN BUEN VENDEDOR

Existen varias competencias y habilidades que son muy bien valoradas en un vendedor. Lo bueno es que muchas de esas competencias pueden ser aprendidas y en este capítulo voy a enseñarte cómo puedes lograr desarrollarlas hasta convertirte en un profesional capaz de obtener resultados extraordinarios.

UN BUEN VENDEDOR, ¿NACE O SE HACE?

Esta quizás sea una de las preguntas que resulta más controversial en este tema.

Sí, es cierto que todos tenemos una serie de cualidades innatas y que con el pasar del tiempo las vamos desarrollando e incluso podemos llevarlas casi a la perfección, y eso no quiere decir que una persona no pueda desarrollar esas cualidades y adquirir las habilidades necesarias para desempeñarse como vendedor.

Hay personas con habilidad matemática, otras con una facultad para conversar casi de cualquier tema con cualquier tipo de persona y hacerla sentir a gusto y en plena confianza, otros tienen el don de hacer amistad con mucha facilidad.

Más allá de eso, todos tenemos la capacidad de desarrollar las competencias que nos permitan ser un buen vendedor.

Hay competencias básicas que toda persona que desee convertirse en un vendedor de resultados extraordinarios deberá dominar a la perfección. Vamos a profundizar en cada una de ellas, y eres libre también de analizar y agregar aquellas competencias que creas que son igualmente necesarias para tu caso particular, o vistas desde tu experiencia y tus vivencias, teniendo en cuenta que esta es solo una generalización que busca englobar todo lo que un buen vendedor debería ser, a pesar de que cada caso es particular y cada experiencia es diferente.

SINCERIDAD

Tan solo esta cualidad podría servirme para desarrollar un capítulo entero. La sinceridad se resume como el hecho de no fingir en las cosas que se dicen o en las cosas que se hacen.

La sinceridad es expresarse sin mentiras, y eso, más que una cualidad o una competencia, es una virtud del ser humano y es un valor muy apreciado por las personas. La sinceridad implica el respeto por la verdad y el respeto por la persona con la que estamos hablando.

A esa cualidad de expresarse con sinceridad, se le conoce como honestidad. En este sentido, la sinceridad es un valor que necesitamos cultivar no solo con el objetivo de ser buenos vendedores, sino de convertirnos en excelentes seres humanos, dignos de la confianza de las personas que nos rodean. ¡Y nunca debemos utilizar esta virtud para engañar a un cliente! ¡Nunca!

PERSONALIDAD

Una maravillosa cualidad que debe tener un profesional de servicios, es tener la capacidad para diferenciarse del resto de las personas.

Se tú mismo, desarrolla una personalidad potente, pero acorde con tus valores morales. No debemos fingir ser quien no somos, ya que eso denota falta de sinceridad y ya sabemos que esa es otra competencia de la que hace uso un vendedor para ganar la confianza de las demás personas.

Desarrollar nuestra propia personalidad nos permite diferenciarnos de nuestros competidores, resaltar y ser recordados por los clientes. Sin embargo, este proceso no se basa en ser más escandaloso, más jovial o más hablador, sino que comienza por definir rasgos de personalidad que favorezcan tu capacidad de conectar con las demás personas.

Cosas como la modestia, el empuje, el deseo de superación, la consciencia y la curiosidad, son rasgos que pueden fácilmente diferenciarte del resto de los vendedores y conducirte al éxito. Por supuesto, asegúrate de que estos rasgos no sean una actuación burda que termine siendo una parodia.

Por ejemplo, la falsa modestia es terrible para cualquier persona, más aún para un profesional, con eso solo consigues despertar en tus clientes y en tu equipo de trabajo comentarios perjudiciales sobre tu imagen.

OPTIMISMO

Para ser optimista hay que tener fuerza de voluntad. A diferencia del pesimismo, que es sencillamente un estado de ánimo derivado de alguna situación en particular, el optimismo resulta una cuestión de voluntad.

Podemos decidir ser optimista a pesar de las adversidades, y eso poco tiene que ver con nuestro estado de ánimo, es en realidad un estado mental.

Parece increíble, sin embargo, son muchas las personas que anhelan conseguir resultados extraordinarios en sus vidas personales, aunque ocupan su mente en ser pesimistas todo el tiempo. Solo hace falta prestarle un poco de atención a las frases que nuestros amigos y familiares nos lanzan para darnos cuenta del pesimismo en el que se encuentran sumergidos.

De hecho, cada día, entre compañeros profesionales se suelen escuchar frases terribles como: «todo está muy difícil. Es terrible, casi no se vende nada. Los clientes cada día son más escasos».

Detrás de estas frases se esconde una realidad muy amarga, y es el hecho de que los pesimistas siempre están contaminando el ambiente con sus malas energías y sus creencias limitantes.

Si quieres ser un profesional que destaca por sus resultados extraordinarios, entonces tendrás que comenzar a pensar y a expresarte de forma legítimamente optimista.

ENTUSIASMO

Fundamental ¡Ningún desmotivado consigue vender nada! De hecho, ni siquiera consigue venderse a sí mismo y eso es terrible para un profesional.

El concepto de entusiasmo es una fuerza desbordante que nos hace sentir capaces de hacer cualquier cosa que nos propongamos, incluso sin que sepamos cómo hacerla.

El entusiasmo es eso que nos impulsa a actuar, a seguir adelante. Además, es una emoción que causa adhesión en las otras personas. Una persona entusiasta es capaz de transmitir ese entusiasmo a los demás, al punto de hacer que las emociones de esa otra persona se igualen a la suya, de modo que, siendo entusiasta, puedes dirigir a los clientes hacia ese mismo estado de ánimo y eso favorece mucho las negociaciones.

Existen muchas personas que traen esta cualidad como un don desde su nacimiento, mientras que otros pueden verse en la necesidad de desarrollar esta actitud para mejorar sus competencias profesionales.

CREDIBILIDAD

La credibilidad tiene muchos matices. No solo recae sobre la persona que intenta vender, sino también en el producto, en la empresa, en el servicio y en la forma de expresarse y de actuar del individuo. En la coherencia de todos estos parámetros se comienza a reconocer la credibilidad. La credibilidad tiene mucho que ver con la sinceridad y la honestidad.

La credibilidad aumenta cuando el cliente comienza a percibir que la información que está recibiendo es verídica. Y la misma credibilidad es frágil y suele romperse cuando un profesional abusa de su cualidad de ser considerado como sincero, para sacar provecho y engañar a un cliente.

PERSONALIZACIÓN

Esto tiene mucho que ver con la manera en que los clientes reciben la atención que se les dispensa.

No todos los clientes son iguales, no todos tienen las mismas necesidades, no todos tienen los mismos problemas ni requieren las mismas soluciones, así que la capacidad de personalizar la atención se convierte en una maravillosa competencia cuando se requiere cerrar negocios. La personalización incluye la capacidad de analizar la información recibida por parte del cliente y utilizarla de forma creativa en busca de solventar los problemas del mismo.

También se incluye en este apartado la habilidad de negociar y cerrar ventas, utilizando como herramienta la capacidad para descubrir las necesidades que tiene cada persona.

RESILIENCIA

En el ámbito de la ingeniería, se llama resiliencia a la cantidad de energía que puede devolver (rebotar) sin absorber, un material elástico.

Si llevamos esto a las ventas, se podría suponer que el «no» de parte de un prospecto para dar un tiempo en su agenda, para presentar una propuesta, para aceptar una negociación, genera una «energía» contraria al resultado que se está buscando.

Para ti como vendedor extraordinario, la resiliencia es una competencia que al desarrollarla te permitirá mantenerte en tu más alto desempeño, sin importar el número de negativas que recibas.
El desarrollo de resiliencia, según he podido descubrir en mi acompañamiento y modelaje a extraordinarios vendedores, es un factor de cómo se trabaja en la realimentación.

La mayor parte de ellos se permiten a sí mismos que una respuesta negativa o cualquier adversidad que se presente en su relación con sus clientes, se transforme en aprendizaje específico y aplicable.
También son muy buenos en detectar qué pudieron hacer mejor y lo aplicarán en la próxima ocasión que se les presente; y lo más poderoso, también tienen total claridad de cuando ya hicieron todo lo que su capacidad, conocimiento y excelencia les permite para dejar atrás el resultado adverso.

En resumen, tu autoobservación y tu habilidad de realimentarte permiten que desarrolles tu capacidad de lograr resultados extraordinarios rápidamente.

JAIME MANZANERA

Lo anterior, sabiendo que estás en una curva de actualización y evolución constantes, que con tu consciencia puesta en tu proceso de venta y en el entorno en el que lo ejecutas, puedes llevar a convertir en excelencia

Por último, todo vendedor de resultados y todo vendedor extraordinario, sabe que el «no» es parte de tener los mejores resultados en el corto, mediano y largo plazo. Es necesario aprender la mejor forma de asumirlo y, por qué no, amarlo…, amar el «no» como parte de los resultados.

MODELANDO LO EXTRAORDINARIO

Por casi quince años he estado investigando y analizando información para poder entender qué es lo que hacen los profesionales exitosos para obtener resultados diferentes a los que obtienen el común de las personas.

Durante todos estos años he puesto especial atención a intentar comprender qué es lo que hacen esos vendedores extraordinarios para conseguir esos resultados. Y finalmente, este libro y todos los videos de nuestro programa de entrenamiento en Técnicas Avanzadas de Ventas con Programación Neurolingüística, son el resumen de años de arduo trabajo, de observación y de algo que hemos llamado «modelaje», que no es más que aprender los hábitos de personas que consiguen resultados verdaderamente extraordinarios.

Frecuentemente me preguntan cómo fue que aprendí a vender telefónicamente, siendo que no había nadie más tímido que yo a la hora de tomar un teléfono para realizar una llamada.

Bien, lo que hice se resume en seguir el modelo de vendedores que lo hacían extraordinariamente bien.

Sencillamente fui y me senté al lado de uno de estos maravillosos vendedores telefónicos y comencé a observar y analizar cada una de sus acciones. Tome nota de cómo respiraban, de cómo era su lenguaje corporal, su postura en el asiento, su tono de voz, el tipo de palabras que utilizaban y como las empleaban.

 Finalmente logré darme cuenta de que todo lo que hacían se correspondía con una rutina bien delimitada, una especie de libreto que les garantizaba aumentar sus probabilidades de éxito cada vez.

Ellos tenían una formula y yo comencé a utilizarla también. Copié toda su rutina, me hice dueño de esa fórmula que había aprendido y como consecuencia comencé a obtener los mismos resultados.

Esto sencillamente se le conoce en el mundo de la psicología como aprendizaje por observación. Y es un concepto tan sencillo, que de hecho es la manera más habitual en la que las conductas humanas son aprendidas.

Modelar o aprender por observación es tan simple como elegir a una persona que posea una habilidad que desees desarrollar en ti mismo, y utilizarla como referencia para imitarlo, de forma que tú también logres hacerte con la habilidad que admiras en ese otro.

Tenemos que tomar esto con total naturalidad. Recuerda que muchas de las conductas que aprendemos, las adquirimos observando de forma inconsciente. Con el proceso de modelado lo estaremos haciendo conscientemente.

Retomando mi historia con respecto a modelado, lo siguiente que hice fue comenzar a ir quitando y poniendo algunas cosas para determinar qué era lo que funcionaba mejor en mí mismo y así logré modelar mi propio sistema que me permitía realizar ventas telefónicas y alcanzar resultados excelentes. Había entendido entonces una valiosa lección, y es que tenemos algo que aprender de todas las personas a nuestro alrededor.

Y en este mismo proceso, comenzamos también a deshacernos de los malos hábitos que afectan nuestra vida.

Uno de esos malos hábitos, es la envidia. Y es que muchas personas a pesar de que reconocen los buenos resultados en otra persona, desarrollan sentimientos adversos por ella y comienzan a poner excusas para no emular sus hábitos exitosos.

Entonces, en lugar de reconocer en ese vendedor una habilidad o destreza que se puede emular, prefieren echarle la culpa a la suerte por los buenos resultados. La mente se hace experta en encontrar excusas aparentemente verosímiles, pero realmente son solo eso, excusas.

El éxito en una determinada tarea es una cuestión de hábitos, procesos y procedimientos; de creer que es posible y de creer que lo merecemos. Pensar que la suerte es responsable del éxito o los buenos resultados en cualquier actividad, es como pensar que el sol sale por casualidad.

Eso nos lleva a los puntos finales de este apartado. Aprendemos de todas las personas y por lo tanto es un error alejarse de otros profesionales, sea porque les vaya bien o mal. De todo colega que se encuentre a tu alrededor puedes aprender algo importante, ya sea un hábito positivo o evitar repetir errores que perjudiquen el proceso de ventas.

Y ese es justamente el primer error que nos distancia de aprender buenos hábitos de otros compañeros, que sencillamente nos alejamos de los modelos porque tenemos sentimientos negativos hacia ellos, y si algo debemos aprender en esta vida y en el mundo de las ventas, es que todos los seres humanos tienen algo que enseñarnos.

El segundo error que cometemos cuando queremos emular los buenos hábitos de otra persona, es que caemos en la idolatría. Una vez que colocamos sobre un pedestal a una persona, la volvemos inalcanzable y así mismo, se vuelven inalcanzables los hábitos que queríamos aprender.

Cuando idolatramos, comenzamos a creer que esas capacidades que admiramos en una persona no pueden ser emuladas y no están al alcance del resto de los seres humanos.

Deberíamos tomar consciencia de que todos nosotros podemos emular cualquier hábito extraordinario para conseguir resultados igualmente extraordinarios. Incluso, eventualmente, cuando lleguemos a la excelencia, nosotros también podremos llegar a convertirnos en modelo para otras personas, convertirnos en líderes capaces de influenciar la vida de los demás.

Recordatorio:
En la dirección www.jamanza.com/resultados encontrarás ayudas que te servirán para navegar los contenidos de este libro.

UNIDAD II. HACER

CAPÍTULO 5: QUE ES VENDER

Puede que uno de los errores más comunes por los cuales los vendedores no obtienen los resultados que esperan, es porque en su mente existe un concepto muy limitado en cuanto a lo que significa vender. Y es que el concepto de «vender» no pareciera ser nada complejo ni llamativo, sobre todo si lo reducimos a la explicación que nos da al respecto el Diccionario de la Real Academia Española:

VENDER
Del lat. vendĕre.
1. tr. Traspasar a alguien por el precio convenido la propiedad de lo que se posee.
2. tr. Exponer u ofrecer al público los géneros o mercancías para quien las quiera comprar.

Según el concepto oficial, vender es sencillamente un acto mecánico en el que se traspasa la propiedad de alguna cosa a cambio de un precio establecido. Sin creatividad, sin habilidades, sin destrezas, sin técnica.

Y este es justo el concepto que se ha grabado en la mente de millones de personas en todo el mundo; personas que no logran entender todo el proceso que va asociado a la acción de vender.

De ahí que muchos profesionales en ventas no alcancen resultados más allá de lo común y corriente, nada espectacular ni extraordinario. De hecho, a lo largo de mi experiencia profesional he podido darme cuenta que muchas personas hablan de vender, sin saber lo que son las ventas ni tener en claro lo que significa esa acción, y es precisamente por eso que hoy tengo la necesidad de ofrecerte una definición propia y mucho más completa, para que comiences a pensar en las ventas de una forma distinta.

Recuerda siempre que vender es una acción que hacemos todos nosotros todos los días de nuestra vida.

Ninguno de nosotros es ajeno al proceso de ventas. Vender es algo que hacemos constantemente en nuestra vida diaria y ese es justamente el fundamento base del concepto que voy a enseñarte a continuación. Presta mucha atención porque es información que será trascendental para tu crecimiento personal y profesional.

VENDER ES

Principalmente debemos entender que vender es una habilidad. Esto implica que tú puedes aprender a desarrollar esa habilidad y entrenar día a día para mejorarla y perfeccionarla. Por cada minuto que te dediques a vender conscientemente, estarás desarrollando una habilidad inconsciente que te permitirá vender cada vez más fácilmente.

Lo bueno de una habilidad, es que se trata de algo que no tiene techo, por lo tanto, siempre hay espacio para aprender algo nuevo y para perfeccionar lo que ya se sabe.

Vender es...

«La Mezcla de Mentalidad, Estrategias, Procesos, Habilidades y Técnicas que facilitan liderar a otros a hacer lo que quieres que hagan y te permite asegurar que les vaya muy bien...»

Ahora, analicemos en profundidad este concepto, de tal forma que podamos entenderlo desde una perspectiva mucho más amplia.

VENDER ES MENTALIDAD

Mentalidad incluye aprendizajes previos, muchos heredados, otros aprendidos de lo que ves, otros de lo que oyes y también de lo que sientes.

Todo lo anterior forma tu mentalidad siempre y cuando los aceptes. Cuando eras niño o niña, aceptabas más fácilmente lo que te rodeaba y en conforme ibas creciendo, te ibas apropiando de la idea de quién quieres ser; sin embargo, nadie te dijo que podías rechazar los modelos que van en contra de tus resultados.

Este es el final de las excusas respecto a que se puede y que no se puede lograr en tu vida «una forma contundente de reprogramarte, decidir».

Otra forma es aprender nuevas estrategias y aplicarlas, o nuevos hábitos y aplicarlos, o nuevas técnicas y aplicarlas.

Una forma contundente adicional es tener total apertura «mindfulness» comercial y dedicarte a servir a tus prospectos y clientes sin parar, preguntando para escuchar, preguntando para asegurarte que les vaya bien.

VENDER ES HABILIDAD

Vender es la habilidad de hacer que otras personas hagan lo que yo quiero que hagan. Sencillamente, estamos hablando del poder de la influencia y la persuasión, poderes que son totalmente posibles de desarrollar.

Vender implica persuadir a una persona para que haga algo que nosotros queremos que haga. ¿Qué quiere decir esto? Que cuando nos dedicamos a vender, estamos ejerciendo directamente cierto grado de influencia sobre las demás personas y sobre las decisiones que ellas toman.

Es por esa razón que toda aquella persona que se dedica a las ventas necesita tener la habilidad del liderazgo. Todo vendedor se dedica de alguna forma a liderar a los clientes a través de un proceso en donde el otro va a hacer lo que el vendedor le sugiera que haga, en base a la información que se maneja sobre el problema que se busca solucionar.

Y aquí es donde debemos centrar la atención para no confundirnos. Liderar, influir y persuadir no tiene nada que ver con manipular. Aclaro esto porque uno de los objetivos de las ventas es conseguir que a la otra persona le vaya bien con la compra que ha realizado, no solo que se sienta satisfecho con la misma, sino que efectivamente agregue valor su vida y le ayude a resolver un problema.

Recuerda que un vendedor debe convertirse en un compulsivo generador de valor para la vida de sus clientes, ya que en eso se basa realmente la satisfacción al cliente y es la manera más segura de establecer relaciones comerciales duraderas.

Esto quiere decir que debemos tener la habilidad para persuadir una acción, con base en un código de ética y moralidad que nos permita vender sin causar perjuicio a ninguna persona.

Aquí podemos remitirnos al capítulo anterior, donde se abordaba el tema de la credibilidad y la sinceridad como competencias de un buen vendedor. Podemos ser líderes e influir de varias maneras en la decisión de compra de muchas personas, aunque debemos hacerlo con responsabilidad y siempre con la mente fija en un objetivo superior, que es generar valor para la vida de todos y cada uno de nuestros clientes.

Si no tenemos un código de ética y un sistema de valores que soporte este liderazgo, estaremos vendiendo, pero a la vez estaremos guiando a nuestros clientes por un rumbo que quizás no sea el más adecuado para ellos y eso puede ser capaz de destruir toda la reputación de un vendedor.

Además, manipular implica una gran falta de calidad humana, lo que no se compagina de ninguna manera con la visión espiritual que quiero mostrar sobre las ventas como acción capaz de generar bienestar y dar valor a la vida de las personas, tanto a la del vendedor como a la del cliente.

VENDER ES ACCIÓN

Vender requiere que abandonemos la pasividad. Vender es acción y esto quiere decir que para vender no podemos quedarnos acostados en nuestra cama esperando que las ventas lleguen a nosotros de forma mágica.

Vender es la habilidad de hacer que otros hagan lo que yo quiero que hagan y la palabra hacer implica acción. Esa es la palabra clave en la que debemos enfocarnos.

Puedes leer todos los conceptos y consejos prácticos que se van desarrollando a lo largo de este texto, pero si tú no pones en práctica nada de lo aprendido y no actúas para alcanzar tus objetivos, te va a ser muy complicado alcanzar resultados extraordinarios.

Vender es una actividad compleja, y cada venta atraviesa por un determinado proceso que puede ser corto o largo, según cada caso y según la estrategia que apliques para conseguir que el cliente haga lo que tú deseas que haga.

Cuando utilizo la palabra «acción», no solo me estoy refiriendo a que tú como vendedor debas actuar, sino que, por medio de una estrategia, debes conducir al cliente a que genere una acción determinada, que puede ser cerrar una venta, entregarte determinada información vital o cualquier otra variable que pueda servirte para generar una venta en el futuro cercano.

Como vendedores, necesitamos tener la habilidad para persuadir una acción determinada de parte del cliente.

Ahora, ¿qué acciones esperas que tus clientes lleven a cabo?, ¿tienes alguna idea de cómo guiarlos en el proceso de venta? Si no sabes cómo responder a estas dudas, es muy probable entonces que tus resultados no estén siendo los más favorables, porque quiere decir que desconoces cómo funciona el proceso de venta y sin esto es muy difícil que logres persuadir a algún cliente.

Hacer que otros hagan implica liderazgo. Sin embargo, para lograr convertirnos en líderes persuasivos, es necesario identificar cada una de las acciones que debemos llevar a cabo para conseguir una venta y trazar una estrategia en base a ellas.

Necesitamos aprender a escuchar, en general debemos escuchar más de lo que hablamos para poder entender las necesidades del cliente, de esa forma nos ponemos en sus zapatos y comprendemos el problema desde su perspectiva. Así, conectamos con el cliente y podemos servirle, lo cual es nuestro objetivo con cada venta.

Servir es la mejor manera de cultivar una relación comercial. Es necesario que aquello que vendamos, se encuentre realmente al servicio del cliente y le beneficie.

Vender es llevar a cabo acciones concadenadas, y es por esa razón que leerás muy a menudo que todo este libro está centrado en ti. Mi objetivo al entregarte todo este conocimiento, es ayudarte a desarrollar progresivamente todas aquellas habilidades que te permitan ir detrás de tus objetivos ¡es tu deber tomar acción, trazar una estrategia y poner manos a la obra!

VENDER REQUIERE ESTRATEGIA

El proceso de ventas puede convertirse en algo tan sencillo o complicado como tú lo quieras, aunque eso va a depender de la estrategia que desarrolles y esa es justamente la parte más complicada: desarrollar una estrategia.

Cuando carecemos de un método y una estrategia, podemos comenzar por aquello que conversábamos en un apartado del capítulo anterior. Modelar a un vendedor de resultados extraordinarios puede hacer que nosotros también aprendamos a obtener resultados similares.

Por supuesto, las estrategias tienen que ser propias y personalizadas para que se puedan adaptar a cada cliente y a las diferentes etapas del proceso de ventas.

Hacer que otros hagan lo que yo quiero que hagan se refiere a trazar una estrategia y esa estrategia debe estar relacionada con el tipo de producto que debes ofertar. No es lo mismo hacer una planificación para vender botellas de agua que para vender algún servicio de consultoría que requiera ser personalizado y ajustado a la medida del cliente. En ambos escenarios hay grandes diferencias y no se puede seguir la misma estrategia.

Las personas que han estudiado acerca de modelos de negocios y estrategias de venta, pueden tener un poco de claridad en este tema a nivel teórico, no obstante, cometen el error de entenderlo como un proceso lineal y estandarizado, aunque en la realidad, cuando estamos tratando con los clientes en vivo y directo, no hay nada definido y necesitamos saber manejarnos en diferentes escenarios.

VENDER DEMANDA INFORMACIÓN

«Cállese y venda» es el título de uno de los más importantes best sellers sobre ventas. Don Shehaan, autor de ese libro, recomienda a sus lectores que «cierren la boca» y aprendan a escuchar más de lo que hablan.

Vender demanda información y la misma solo vamos a poder recogerla si escuchamos activamente a nuestros clientes. Cuando escuchamos, podemos realizar preguntas inteligentes que nos ayuden a determinar si un prospecto tiene el potencial de convertirse en cliente y si estamos en capacidad de satisfacer la necesidad de ese cliente potencial.

Entre la información que necesitamos manejar, se encuentra un punto muy importante, y es conocer las expectativas que nuestro producto o servicio está generando en nuestros clientes, para obtener evidencia física que indique que podemos satisfacer esa expectativa.

Esa es la única manera que tienes para cumplir con aquello que prometes. Como vendedor, no solo tengo que persuadir para lograr que otros hagan lo que yo quiero que hagan, sino que tengo que lograr que la venta beneficie al cliente satisfaciendo plenamente sus necesidades, y de esa manera, yo obtengo una retribución.

¿ME COMPRAN O VENDO?

Un vendedor exitoso, que obtiene resultados extraordinarios, debe conocer la importancia de manejar un buen proceso de venta y ser lo suficientemente astuto para comprender al cliente de tal manera, que pueda ofrecerle una solución que se adapte a sus necesidades.

En las ventas por lo general hay dos grandes escenarios. El primero de ellos es ese caso en el que el vendedor se esmera y trabaja intensamente por convertir en cliente a algún prospecto, le dedica horas y atención, le presenta cotizaciones, se las adapta una y otra vez y finalmente no logran cerrar la venta.

Por otro lado, tenemos a vendedores de productos y servicios que tienen en sus manos artículos de gran demanda y que, en lugar de vender, se dedican a recibir pedidos constantemente permaneciendo en la zona de confort; sus resultados de gestión son un poco más que aceptables, a pesar de que sus números indiquen lo contrario.

Estos últimos son vendedores que logran lo mismo que el promedio, nunca serán vendedores de resultados extraordinarios porque su trabajo se reduce a tomar pedidos y olvidan la parte de las ventas en la que deben actuar.

Ahora bien, ¿me compran o vendo? O, mejor dicho, ¿en cuál de los dos escenarios descritos debemos desarrollarnos los vendedores profesionales?

La realidad es sencilla: ¡En ambos! Se hacen ambas cosas.

Para que una venta pueda existir debemos trabajar intensamente en convertir prospectos en clientes, atender a sus necesidades y luego de establecer una relación, podemos dedicarnos a tomar pedidos, mantener esa relación en el largo plazo, y ocupar el tiempo restante en reiniciar el ciclo de conseguir clientes.

El ciclo de las ventas es un bucle infinito, donde siempre tenemos que mantenernos en movimiento.

El cliente necesita comprar y yo, como vendedor, necesito vender. Es una clase de reciprocidad que implica que ambos actores están buscando hacer algo y que, durante el intercambio, ambos van a poder obtener un beneficio.

Sin embargo, para que este intercambio sea efectivo, es necesario que el vendedor conozca y domine el escenario a la perfección y aprenda a reconocer al actor con el que está conversando. En ese sentido, se hace necesario saber si estamos hablando con quien toma las decisiones, con el influenciador, o si estamos hablando con quien realmente ejecuta las compras.

Muchos vendedores pierden su tiempo porque se dirigen a uno de esos actores individualmente y no acuden a otras instancias. Saber con quién de estos tres actores estamos hablando, nos ayuda a entender mejor si estamos vendiendo o nos están comprando. De esa manera la venta será mucho más rápida y de seguro, también será mucho más fácil y beneficiosa para ambos.

JAIME MANZANERA

PNL Y VENTAS

La programación neurolingüística aplicada a las ventas es una herramienta muy poderosa que, a través de sus diferentes técnicas, nos permite influir de forma positiva sobre las personas.

Con la práctica de estas técnicas podemos aprender a sintonizar con los clientes, empatizar y luego convertirnos en lideres efectivos que ofrezcan soluciones adecuadas para sus problemas, haciendo que estos nos escuchen y tomen en cuenta nuestras sugerencias.

Se trata de una serie de recursos que los vendedores de alto desempeño deben aprender a dominar, ya que pueden ser la base para alcanzar mejores resultados en el proceso de venta.

A lo largo de este libro, se tratarán en detalle diversas técnicas de programación neurolingüística que nos van a permitir sintonizar con los clientes de forma adecuada, manejarnos correctamente dentro de una entrevista o una presentación de negocios, e incluso, argumentar y responder a objeciones, todo con el fin de mejorar nuestros resultados y convertirnos en vendedores eficientes.

Una de las cosas más sencillas de las técnicas de PNL, es que se aprenden de una manera muy similar a como aprendíamos las cosas cuando éramos niños.

¿Recuerdas lo curioso que eras cuando pequeño?, ¿recuerdas las preguntas que hacías y la velocidad a la que aprendías las cosas? Aprendíamos en aquel entonces de manera inconsciente, sencillamente respondíamos al estímulo de la curiosidad. Cuando crecemos, nuestra curiosidad comienza a desaparecer porque el proceso de aprendizaje se vuelve algo más consciente y entonces desaparece nuestra capacidad de asombro.

Bien, eso vamos a corregirlo con las técnicas de PNL aplicadas a las ventas que vamos a conocer a lo largo de este libro. Será una maravillosa experiencia de desarrollo personal y profesional en la cual estaré acompañándote muy de cerca.

La mejor recomendación que se puede dar al respecto, es que abordes el tema con la mejor actitud posible y desarrolles una compulsiva intención de practicar todo lo que aquí aprenderás sobre PNL, ya que todos los planteamientos que se hacen son para llevarte a la acción, a la experimentación en el terreno; esa es la única manera de que sean herramientas que puedan garantizarte el crecimiento profesional que estas anhelando conseguir.

¿QUÉ ES PROGRAMACIÓN NEUROLINGÜÍSTICA?

Algunas personas tienen la opinión de que las ventas son algo similar a una pelea de boxeo, donde en lugar de golpes, se lanzan argumentos, preguntas y respuestas donde el más hábil verbalmente será quien salga victorioso. Ese es uno de los terribles mitos que se han gestado alrededor de las ventas y de los vendedores.

La verdad es que cuando tomamos a nuestro cliente potencial como un contrincante, estamos creando una relación de poca armonía y con mucha resistencia; un ambiente hostil y saturado de tensión para las dos partes.

La programación neurolingüística (PNL), nos permite actuar de manera asertiva y con la actitud adecuada para cada instante. Esto hace que, como vendedores, sintamos mayor seguridad con la actividad que estamos desempeñando y que el cliente sienta, igualmente, una mayor satisfacción durante todo el proceso.

La palabra «programación» se refiere a la organización de las representaciones sensoriales para convertirlas en patrones que permitan lograr resultados específicos.

La palabra «neuro» se refiere a la mente, el sistema nervioso y todo ese complejo aparato sensorial que utilizamos para experimentar el mundo.

La palabra «lingüística» hace referencia a cómo representamos verbal y fisiológicamente los patrones y programaciones que han ingresado a nuestra mente.

En conjunto, las tres palabras forman un concepto que agrupa una serie de técnicas, las cuales permiten reprogramar nuestra forma de comunicarnos, para aprender a comunicarnos adecuadamente con las demás personas.

También nos permite reprogramar la mente para planificar y proyectar a futuro todo lo que deseamos alcanzar, por medio de la atención a nuestra fisiología y el uso de los 5 sentidos. Este aspecto es de gran utilidad porque nos permite diseñar los resultados que queremos alcanzar, comenzando en nuestra propia mente.

Ten en cuenta que, dentro de la PNL, tú eres lo más importante. Tú, tu estado emocional, tus habilidades, tus destrezas. Esto es lo que va a permitir que seas tú quien aprenda a dominar el arte de comunicarse contundentemente con las demás personas e influir sobre ellas cuando lo requieras.

Con PNL aprenderás a retroalimentarte de una forma más constructiva y esto va a conducirte de forma rápida a lograr lo extraordinario que deseas para tu vida.

Por último, aprenderás a ser creativo, lo que te permitirá conocer aquello que en este momento no sabes y deseas aprender, y lo lograrás simplemente haciendo las preguntas correctas a las personas adecuadas. Esta combinación traerá como consecuencia resultados extraordinarios.

Recordatorio:
En la dirección www.jamanza.com/resultados encontrarás ayudas que te servirán para navegar los contenidos de este libro.

CAPÍTULO 6: PROCESO DE VENTA

El proceso de venta es la sucesión de pasos que van enlazados unos con otros y que tienen como objetivo captar la atención de un potencial cliente y mantenerla hasta que finalmente se produzca la transacción comercial llamada venta, que es donde se entrega el producto o servicio a cambio de un determinado costo.

Como te explicaba en el capítulo anterior, para vender se requiere de una estrategia bien trazada. Todo vendedor necesita de una metodología y una estructura que permita mejorar la eficiencia en su trabajo.

Esto representa una gran ventaja, ya que significa que el vendedor sabe en cada momento en cual etapa del proceso de venta se encuentra, pudiendo escalar los diferentes niveles y avanzar hasta conseguir el éxito, aplicando los correctivos que crea convenientes en cada momento, tras una revisión de la estrategia y un análisis profundo de la información que posee.

Para desarrollar esta estrategia, el vendedor debe conocer a la perfección cada uno de los pasos que se deben llevar a cabo, para actuar de la forma más adecuada.

Aún y cuando exista una estructura específica que se pueda seguir para generar una venta de forma efectiva, no significa que se está colocando una camisa de fuerza al vendedor. Al contrario, tener este conocimiento hace que el vendedor haga uso, en el momento adecuado, de cada una de las habilidades y competencias que, como buen vendedor, debería tener desarrolladas. Eso hace que el proceso de ventas sea más flexible.

PROCESO DE VENTA PASO A PASO

El proceso de venta lo podemos dividir en cinco grandes etapas, que van encadenadas una a la otra. Cuando representamos gráficamente este proceso, tiene un aspecto lineal, donde una etapa se va enlazando a la siguiente. Son pasos independientes uno del otro, aunque se complementan a la perfección. Vamos a comenzar a estudiarlos para que puedas entender su importancia y en capítulos posteriores trataremos cada uno de estos pasos con mayor profundidad.

PLANEANDO Y PROSPECTANDO

Para desarrollar la labor de ventas con éxito, el vendedor tiene que asumir la importancia de este primer paso previo a la visita al cliente y que está basado principalmente en la organización de todo aquello que permita gestionar el tiempo de manera efectiva.

Dentro de esta planificación podemos resaltar algunos aspectos fundamentales:

- Decidir un plan de vida, alineado con tus metas y objetivos profesionales
- Decidir cuáles son los resultados que deseas obtener en el mes
- Decidir los resultados del aprendizaje que quieres obtener en el mes
- Realizar un plan de trabajo diario, semanal y mensual

- Realizar perfiles y calificar prospectos
- Ejecutar actividades de prospección
- Hacer una lista de chequeo y preparar reuniones con los clientes
- Tomar decisiones conscientes y programar tu inconsciente para los retos que se avecinan
- Contactar a los clientes y coordinar reuniones presenciales o telefónicas

Aunque los vendedores tienen muy en claro que parte del éxito durante una entrevista con el cliente es la preparación previa, muchas veces se omite este primer paso y prefieren confiar en su capacidad de improvisación.

No es posible ni siquiera imaginar que se comience a construir un rascacielos, sin haber iniciado el proceso con dibujar los planos del mismo y haber creado un plan de trabajo que guie el desarrollo de la obra. ¡En las ventas no se puede improvisar! Necesitamos planificación previa.

SINTONIZANDO Y EXPLORANDO

Sintonizar con el cliente se refiere a predisponerle favorablemente con la propuesta que le vamos a presentar, de forma que podamos captar su interés y hacer que nos escuche a fin de crear un ambiente propicio para la venta.

Sintonizar significa conectar con los deseos y las necesidades inconscientes del cliente. En este paso se engloban los siguientes aspectos:

- Aplicar y mantener la sintonía con el cliente al 100 %
- Realizar una entrevista telefónica que sirva como exploración

- Identificar el perfil del cliente y explorar su nivel de interés
- Dar los primeros pasos y allanar el camino para un acercamiento posterior
- Iniciar utilizando preguntas abiertas que permitan obtener información
- Utilizar preguntas cerradas para verificar la información obtenida
- Hacer uso de un paquete verbal coherente con las metas trazadas
- Hacer seis preguntas (Qué, para qué, quienes, cómo, cuándo, dónde, cuántos, por qué)
- Escuchar activamente al cliente en todo momento para analizarlo y entenderlo

El proceso que se ha descrito, se va perfeccionando a medida que el vendedor comienza a desarrollar seguridad a la hora de interactuar con los clientes. Esta seguridad permite superar las dificultades que se presentan en cuanto al acercamiento a los clientes durante las primeras ventas.

SUGIRIENDO Y CONCRETANDO

Esta fase se refiere a la argumentación y es igualmente fundamental en el proceso de venta. Se trata de ofrecer argumentos adecuados que permitan mostrar los beneficios del producto o servicio que se está intentando vender. Esta argumentación incluye sugerencias que permitan persuadir al cliente a la acción de compra y a su vez manejar correctamente las posibles objeciones.

Para cumplir esta parte del proceso y poder sugerir y concretar ventas de manera efectiva, debemos tener en cuenta lo siguiente:

- Se debe utilizar la información que hemos obtenido del cliente en los pasos anteriores

- Nos adaptamos al lenguaje del cliente (verbal y no verbal)
- Hay que verificar las intenciones del cliente
- Expresar ideas
- Enfatizar los beneficios de producto o servicio
- Sugerir los pasos a seguir
- Manejar las posibles objeciones que pueda surgir
- Cerrar y concretar la venta
- Lograr resultados de negocio

Es necesario aprender a guiar al cliente a que tome la mejor decisión y finalmente pueda cerrar la venta. El vendedor es fundamental en esta etapa porque el cliente teme errar en la elección que haga o en la decisión que tome, mientras que el vendedor piensa que la venta puede estropearse y perder todo por lo que se ha trabajado.

ACORDANDO Y DOCUMENTANDO

Una vez se han manejado correctamente las objeciones del cliente y este se encuentre plenamente dispuesto a cerrar la venta, hay un trámite que podríamos definir como administrativo.

Una vez que hemos cerrado la venta, procedemos a dejar plasmados los acuerdos a los que hemos llegado con el cliente y documentamos formalmente el pedido, las condiciones de compra, de pago y demás asuntos de interés como veremos a continuación:

- Verificar todo lo que ha sido acordado
- Hablar de documentos, pagos y cobros, todo con fechas específicas y tomar nota
- Ratificar los beneficios obtenidos por la venta
- Anclar el momento y convertirse en ancla
- Diligenciar formularios
- Recolectar cualquier documento necesario
- Agradecer al inconsciente

Al culminar este proceso, es importante dejar al cliente una copia del pedido y las condiciones que fueron pautadas.

REPORTANDO Y RETROALIMENTANDO

Ya cuando se han superado adecuadamente cada una de las etapas anteriores y la venta se ha formalizado, entonces comenzamos a analizar la información por medio de reportes que van dirigidos, tanto a la organización para la que trabajamos, como a nosotros mismos, con el objetivo de analizar la gestión que hemos realizado y optimizar el proceso de venta.

A continuación, te muestro cuáles son esos reportes que nos sirven como estrategia de retroalimentación:

- Comunicar los resultados a la organización
- Entregar formularios y documentos
- Reportar avances y pronósticos
- Revisar y retroalimentar el proceso de venta que ha sido ejecutado
- Enfatizar las fortalezas
- Encontrar nuevas oportunidades
- Retroalimentar resultados contra las metas de la semana mes, trimestre y año
- Detectar errores durante el proceso de venta y encontrar soluciones para corregirlos

Para mejorar los resultados de nuestra gestión de ventas, necesitamos realizar un proceso de acompañamiento que consta de tres pasos: antes de la venta planeamos y trazamos la estrategia, durante la venta acompañamos al cliente y lo observamos y finalmente, después de la venta, retroalimentamos y construimos una relación con él.

ACCIONES EN LAS VENTAS

Conseguir resultados extraordinarios es lo que estamos buscando y alcanzar esos resultados guarda relación directa con el éxito durante el proceso de venta.

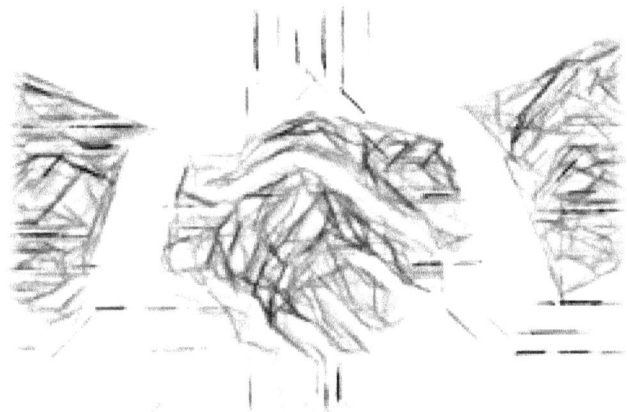

Muchas veces los vendedores nos enfocamos en nuestras propias acciones, como si estas fueran lo único importante dentro del proceso de venta, pero la verdad es que las acciones de la otra persona, a la que denominamos cliente, también juegan un papel fundamental dentro del asunto.

Entendámoslo de esta manera. Todos los vendedores trabajamos en función de que nuestro cliente ejecute determinada acción durante el proceso de venta. Sigamos este ejemplo: el momento cumbre de una venta es cuando el cliente finalmente cierra la venta y firma el contrato. Ese es el momento para el que hemos trabajado duro y para el que nos hemos preparado.

Ese es el resultado que tenemos en mente, esa es la principal acción que como vendedores intentamos conseguir de parte del cliente, es lo que queremos obtener de ellos.

Esa firma del contrato es la última acción que espero de mi cliente, porque ahí es donde yo siento que he cumplido a cabalidad mi función como vendedor y siento que he logrado hacer mi tarea correctamente.

Partiendo de ese punto, de la firma de un contrato, comenzamos a ir en retrospectiva, analizando cual fue la acción anterior. Pensaremos, por ejemplo, en si el cliente confirmó verbalmente o no antes de cerrar el negocio. Estamos buscando reconocer con claridad cuál ha sido la acción que el cliente ejecutó y que muestra que estoy avanzando correctamente hacia la última acción que espero de él, la firma del contrato.

Esa acción puede ser algo tan simple como una confirmación verbal del cliente. Y así sucesivamente iremos analizando ¿Qué acción hizo mi cliente antes de ejecutar esa anterior? ¿Y cuál fue la acción anterior?

En reversa, analizamos desde la última acción hasta la primera. Es importante tomar nota y lograr establecer una lista de las acciones que realizó nuestro cliente para luego dar el siguiente paso, que es preguntarse: ¿Qué fue lo que hice yo como vendedor, para lograr que el cliente ejecutara cada una de esas acciones?

Luego de haber analizado al cliente, comenzamos a analizar la actuación que nosotros, como vendedores, tuvimos durante el desarrollo de la operación. A esto nos referíamos cuando conversábamos acerca de la retroalimentación en este mismo capítulo y seguiremos profundizando el tema en un capítulo posterior.

Viendo y analizando desde esta perspectiva, qué es lo que tú has hecho para que tu cliente haga aquello que tú esperabas, aprenderás a adueñarte de las situaciones porque conoces y entiendes el efecto que tienen tus acciones sobre los demás. Allí es cuando finalmente tú comenzarás a cultivar la habilidad de vender, la habilidad de hacer que otras personas hagan lo que tú quiere que hagan y que ambos se beneficien de ello.

Es necesario aprender a guiar nuestras acciones de manera que logremos establecer nuestro propio proceso de venta, optimizado por nuestras propias habilidades, destrezas, técnicas y estrategias. Cada vendedor debe descubrir su propio ciclo de ventas, y ese ciclo no son más que las acciones que se realizan constantemente y que, finalmente, conducen al cierre de ventas; acciones que conducen a que otras personas hagan lo que el vendedor quiere que hagan y que ambos obtengan un beneficio.

Las acciones en las ventas se refieren a la gestión del vendedor, lo que el vendedor hace todos los días. Es un elemento que forma parte de los pilares sobre los que se sostiene todo este libro, porque sencillamente son tus acciones las que te llevaran a conseguir resultados extraordinarios.

Recordatorio:
En la dirección www.jamanza.com/resultados encontrarás ayudas que te servirán para navegar los contenidos de este libro.

CAPÍTULO 7: PLANEANDO

En las ventas se hace necesario establecer una relación directa con el cliente. Una de las principales funciones que tiene el vendedor, es conseguir, conservar y aumentar los clientes ya que esta es la única manera de elevar las ventas y lograr los objetivos personales y profesionales que se ha planteado.

Planificar implica diseñar el resultado deseado y dar los primeros pasos hacia el logro de los objetivos.

Las técnicas y estrategias de planificación no consisten en predecir el futuro, sino en organizar y preparar los recursos para utilizarlos de manera óptima, con el fin de hacer que los resultados futuros sean favorables a nuestros intereses.

PLANIFICACIÓN DE VENTAS

A grandes rasgos, podemos resumir el proceso de planificación en tres pasos fundamentales. Estos pasos aseguran las posibilidades de éxito en la gestión de un vendedor.

RECOPILACIÓN DE INFORMACIÓN

El primer paso en la planeación, es llevar a cabo una profunda recopilación de información acerca del problema que se busca resolver. Se pueden obtener datos por medio de diferentes fuentes, tanto objetivas como subjetivas, y el análisis de esa información supone una habilidad administrativa bastante valorada en el cuerpo de ventas de cualquier organización, pues es la información y los datos lo que permite que se tracen las estrategias necesarias para alcanzar las metas propuestas.

Se debe recopilar toda la información referente al producto o servicio que se va a promocionar, así como información referente a los clientes a los que el vendedor deberá dirigirse.

FIJACIÓN DE OBJETIVOS

La fijación de objetivos se trata de definir con claridad cuáles son los resultados finales que deseamos obtener. Los objetivos deben ser claros, específicos, realistas, medibles y estar relacionados con plazos de tiempo.

Por supuesto, esto está fuertemente vinculado, no solo con objetivos profesionales sino con objetivos a nivel personal, ya que como vendedor tú no trabajas solamente por ser vendedor, tienes una serie de intenciones, anhelos, metas y sueños.

Tienes metas que deseas alcanzar y ser vendedor es parte de la estrategia para alcanzarlas. Por lo tanto, la fijación de objetivos debe tener concordancia con el plan estratégico de vida que te has planteado a ti mismo, tal y como conversábamos en un apartado del capítulo número 3, donde analizábamos las motivaciones para ser un vendedor profesional exitoso.

DESARROLLO DE ESTRATEGIAS

Ya teniendo claros los objetivos planteados, comenzamos a decidir qué hacer y cuándo y cómo debemos hacerlo. La estrategia es el medio por el cual vamos a alcanzar los objetivos que nos hemos fijado. En la estrategia comenzamos a fijar los pasos que debemos dar y dividimos todo el proceso en etapas manejables, buscando la mejor manera de realizar las tareas de forma eficiente.

Esta fase es fundamental porque de una estrategia adecuada va a depender, en gran medida, que se alcancen resultados extraordinarios.

Como comentaba en un capítulo anterior, el proceso de venta puede ser tan complejo o tan sencillo como tú mismo lo plantees, y en la práctica existen muchas formas de vender, tantas como vendedores hay en el mundo.

Por tanto, tu estrategia ha de ser flexible y personal. Las estrategias siempre deben estar estrechamente ligadas a los objetivos que han sido fijados en el paso anterior.

RESULTADOS BIEN FORMADOS

En este tema vamos a detenernos algunos minutos. Te aconsejo que leas cuantas veces requieras este apartado, hasta que entiendas completamente su significado. Obtener resultados extraordinarios es el objetivo de este libro y para eso estoy poniendo en tus manos información trascendental, buscando generar un impacto positivo que haga que se conciban cambios en todas y cada una de las áreas de tu vida.

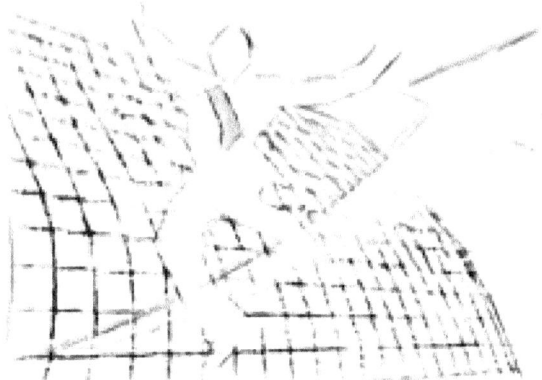

En líneas anteriores te decía que era necesario entender que como vendedores tenemos objetivos que son mucho más trascendentales que simplemente vender. Somos dueños de metas, sueños, anhelos, planes, proyectos de vida, tenemos objetivos que necesitan ser alcanzados para nuestro desarrollo como ser humano y, es entonces, cuando las ventas se convierten en la plataforma que nos permitirá alcanzar esos objetivos.

DISEÑANDO LOS RESULTADOS DESEADOS

En primer lugar, comencemos por aprender a diseñar los resultados deseados. Para esto, el consciente e inconsciente tienen que estar alineados, enfocados y balanceados.

Los primeros resultados que necesitamos diseñar son los que tienen referencia directa con nuestra vida profesional, es decir, resultados de negocio. Con esto me refiero a:

- Ventas anuales, trimestrales, mensuales quincenales, semanales y diarias
- Facturación anual, trimestral, mensual, quincenal y semanal
- Recaudos trimestrales y mensuales
- Número de clientes correspondientes a cada fase de negocios

Y por supuesto, no vamos a quedarnos solamente con el aspecto profesional. Recuerda, las metas profesionales, el éxito en las ventas, los resultados extraordinarios que estamos buscando obtener, deben responder siempre a los objetivos de índole personal.

Recuerda tus motivaciones, tus por qué. Ya para este momento deberías tener muy en claro cuáles son tus motivaciones para convertirte en un profesional en ventas, en un vendedor de resultados extraordinarios.

Es necesario que cada persona planee una vida extraordinaria. Esa será la motivación superior que le impulsará a obtener los resultados deseados.

PRINCIPIOS DE ÉXITO

Dependiendo de a quien le preguntes, el éxito puede significar diferentes cosas. Esto es algo que no debe tomarse a la ligera, ya que el éxito debe ser considerado como una prioridad en nuestras vidas, dado que es el pináculo de la realización personal, el fin último de todos nuestros esfuerzos y sacrificios. Son nuestras acciones las que determinan el éxito que obtenemos en nuestras vidas.

Es por eso que, como vendedores, nuestras acciones siempre tienen que ir orientadas a contribuir con el mundo, a brindar valor a la sociedad. Cuando hacemos eso, tendremos una retribución monetaria, que a su vez se traduce en bienestar y tranquilidad para nosotros y para quienes nos rodean. Esta retribución emocional es mucho más gratificante que la monetaria, aunque una va de la mano de la otra.

Recuerda que estamos buscando propiciar cambios que nos conduzcan hacia una vida extraordinaria y para eso debemos:

- Conocer el resultado deseado
- Operar desde una psicología y fisiología de excelencia
- Tener congruencia personal
- Tomar acción
- Tener agudeza sensorial
- Tener flexibilidad de comportamiento para el logro del objetivo

Un resultado bien formado depende de 8 aspectos fundamentales a saber:

1. **¿Qué quieres específicamente?** Se debe determinar con exactitud lo que se desea obtener como resultado, siempre utilizando enunciados en términos positivos. Los resultados que desee obtener pueden ser de cualquier clase.

2. **¿Cuándo, dónde y con quién lo quieres?** Esto sirve para colocar tiempo y contexto al resultado que deseamos obtener. Permite trazar una línea de tiempo desde el comienzo hasta la obtención del resultado.

3. **¿Dónde estás ahora?** De esta forma hacemos una asociación directa con el presente, analizamos el punto de donde nos encontramos y determinamos las herramientas con las que contamos. Tenemos un punto de partida.

4. **¿Qué verás, oirás y sentirás cuando lo logres?** Aquí hacemos una descripción sensorial del resultado y de los pasos que debemos dar para obtener resultados. Implica conectarse emocionalmente con los objetivos fijados.

5. **¿Qué podrás hacer luego de lograrlo?** En este aspecto hacemos una asociación directa con el futuro, visualizando y plasmando todas esas cosas que podremos disfrutar una vez alcancemos los resultados que deseamos.

6. **¿Para quién es esto?** Tú tienes las riendas de tus objetivos, aunque seguramente quieres compartir los resultados obtenidos con tus seres queridos.

7. **¿Qué recursos y estados son necesarios?** ¿Has logrado algo parecido antes? ¿Conoces alguna persona que lo ha logrado? Es necesario actuar como si ya tuvieras en tus manos el resultado. Esto permite alinear la mente consciente con la inconsciente en busca de crear la realidad que espera conseguir; hace que tu inconsciente comience a trabajar a su favor.

8. **¿Para qué quieres esto?** Determina que ganarás y que perderás si logras obtener los resultados que esperas. ¿Qué

sucederá si lo logras? ¿Qué sucederá si no lo logras? Analiza a profundidad estos temas.

TIPOS DE RESULTADOS

Acá nos encontramos con tres tipos de resultados según la perspectiva desde la cual decida enfocarse. Lo mejor puede ser realizar una mezcla de resultados que combine todos estos aspectos, buscando conseguir gratificaciones personales más allá de la vida profesional, ya que parte fundamental del desarrollo humano radica en el hecho de lograr alcanzar equilibro entre el trabajo y la vida personal.

RESULTADOS DE NEGOCIO
- Indicadores de resultados
- Indicadores de proceso y de gestión
- Cumplimiento de fechas

RESULTADOS DE ENTRENAMIENTO
- Desarrollar habilidades
- Construir opciones
- Aprender nuevas formas de hacer las cosas
- Aumentar las capacidades
- Aprender una nueva habilidad

RESULTADOS PERSONALES

- Comprar un auto
- Hacer un viaje
- Cambiar de urbanización
- Enviar a tus hijos a un buen colegio o a la universidad
- Comprarse una casa en la playa
- Cancelar deudas, préstamos, hipotecas

Todos estos logros requieren de acción. Partiendo de aquí, es momento de crear tu propio programa de productividad que te permita alcanzar esos resultados extraordinarios que tanto deseas.

EJERCICIO: ALCANZA TUS RESULTADOS DESEADOS

Aquí comparto un ejemplo que te ayudará a visualizar mejor cómo debes plantear los resultados que deseas obtener.

Objetivo ¿Qué?, ¿para qué? ¿Para quién?	Costo	Fecha
Auto Modelo 2018, para...	$18,000	Dic2018
Cuota inicial apartamento, para...	$12,000	May2018
Curso Gerencia de Ventas...	$2,100	Ene2018
TV Pantalla Plana 40" para...	$1,200	Dic2018
¿Cómo lograrlo?		
Vendiendo más en menos tiempo.		
Diez llamadas diarias, 4 citas diarias, 8 cierres al mes, $1,500 x venta = $12,000 en ventas mensuales.		

Ahora, rellena el siguiente cuadro utilizando información propia sobre los resultados que deseas alcanzar.

Objetivo	Costo	Fecha
¿Cómo lograrlo?		

Recordatorio:
En la dirección www.jamanza.com/resultados encontrarás ayudas que te servirán para navegar los contenidos de este libro.

CAPÍTULO 8: PROSPECTANDO

¿Qué es prospectar? Pues con este término nos estamos refiriendo a uno de los pasos fundamentales del proceso de ventas: identificar clientes potenciales, «prospectos».

El objetivo de prospectar es desarrollar una lista de probables clientes y después contactarlos, esperando convertirlos de clientes probables a clientes actuales.

Debes tener siempre presente que, para prospectar adecuadamente, necesitas comprender y asimilar aquello que hemos venido trabajando durante los dos capítulos anteriores: son nuestras acciones las que determinan el éxito que obtenemos en nuestras vidas.

Todo logro en nuestra vida es una reacción, es el resultado de una acción. Entonces, para alcanzar resultados extraordinarios debemos ser personas con alto desempeño y para eso tenemos que grabarnos con fuego la siguiente frase: **¡yo soy acción!**

Eres tú quien domina su ciclo de desempeño, quien planifica y desarrolla las estrategias, quien establece los objetivos y quien debe actuar para conseguir esos resultados extraordinarios que estás anhelando.

Entonces, debes entender que prospectar es la acción que va a desencadenar la reacción que estamos esperando, que es poder realizar ventas. Una vez que hemos establecido un plan y desarrollado una estrategia, debemos comenzar a actuar en consecuencia y eso, es prospectar. Antes de ocuparnos de las ventas, debemos preocuparnos por conseguir los mejores clientes potenciales de forma continua.

Realizando una buena labor de prospección de clientes puedes facilitar el proceso de venta, porque dispones de personas a las cuales puedes ofrecer tus productos o servicios con ciertas garantías de éxito.

APRENDER A RECONOCER UN PROSPECTO

Reconocer a un buen prospecto es un ejercicio que requiere análisis y discernimiento. En general, existen tres factores o requisitos fundamentales al momento de prospectar clientes, así que conversemos un poco sobre ellos.

1. QUE TENGA PODER ADQUISITIVO

Esto es simple, y quiere decir que el prospecto necesita tener la capacidad económica para tomar la decisión de compra o al menos acceso a una fuente importante de financiamiento. Por ejemplo, si alguien viene a venderme un yate, es muy probable que yo en este momento no tenga maneras económicas de asumir ese compromiso, por lo tanto, no soy un buen prospecto en ese caso.

2. QUE POSEA LA AUTORIDAD PARA DECIDIR

En ningún caso podemos permanecer hablando con el segundo al mando, para eso te estoy preparando como un vendedor de alto valor, lo suficientemente preparado como para hablar directamente con las personas que toman las decisiones y para resolver todas las objeciones que puedan surgir. Ya en un capítulo posterior aprenderás a manejar las objeciones y todos los asuntos referentes a este tema.

3. QUE TENGA UNA NECESIDAD

El prospecto debe ser una persona que necesite cubrir una necesidad a fin de que seamos nosotros, junto a nuestros productos y servicios, los que tengamos la capacidad de satisfacer esa necesidad. No obstante, también es necesario fomentar el deseo, pues en la actualidad las personas tienden a comprar más por deseo que por verdadera necesidad. Tanto si es una necesidad como si es un deseo, debes que tener la absoluta certeza de que como vendedor puedes agregar valor a la vida de esa persona con tus productos y servicios, de lo contrario, el procedimiento no será efectivo.

PROSPECTANDO INTELIGENTEMENTE

Al tema de la prospección de clientes se le debe dar la importancia que merece. Se trata de la ocasión donde los vendedores pueden ser capaces de marcar grandes diferencias. Prospectar es decidir qué queremos que nos pase y con quien queremos que nos pase.

Cuando prospectamos, nos estamos asegurando de tener diversas opciones para lograr los resultados deseados. Es un proceso que se encuentra íntimamente ligado a la planeación, y es el punto donde el vendedor decide contundentemente con cuáles clientes quiere lograr sus metas y qué tan fácil, difícil, lento o rápido, eficiente o ineficiente será el camino hacia la meta.

La clave para que el proceso de venta fluya correctamente está en cómo tú prospectas, es decir, con cuál cliente quieres lograr tus metas.

Es por esta razón que durante este capítulo ofreceré ideas claras que te permitan alinear el inconsciente a la mente consciente, para que la prospección resulte contundente y efectiva, sea inteligente y utilice todos los niveles de inteligencia que posee tu ser, para ayudarlo a lograr los resultados que deseas, los cuales son lograr las metas e incluso, excederlas extraordinariamente. Ese es nuestro objetivo.

¿PARA QUÉ PROSPECTAMOS?

La mayoría de los vendedores prospectamos porque estamos buscando alcanzar un flujo permanente de oportunidades. Es decir, que no tengamos que trabajar diariamente de manera inconsistente.

Por ejemplo, la mayoría de los vendedores inician su labor y tienen días buenos, días regulares y días malos. Disminuyen el ritmo y luego arrancan con mucho ímpetu, para luego comenzar nuevamente el ciclo de días buenos y malos, resultados buenos y resultados malos. Eso se debe a que están prospectando de manera inadecuada y poco inteligente. No lo hacen de manera constante.

Conseguir clientes debe convertirse en algo sumamente natural. «Conseguir clientes es igual que respirar, debemos hacerlo todo el tiempo, todos los días y cada hora...» en palabras de P. J. Meyer.

Prospectamos por cuatro razones fundamentales:

- Para generar un flujo continuo de oportunidades de venta
- Para reemplazar clientes que salen del forecast, es decir, de nuestras estimaciones de venta
- Mejorar la productividad del proceso de ventas, alcanzando mayor efectividad

- Hacer mucho más agradable el proceso de ventas, así tenemos menos presión en el mismo

PROSPECTANDO PARA VENDER RÁPIDAMENTE

Prospectamos porque estamos buscando una mayor productividad. Un vendedor siempre debe estar mirando la tasa de efectividad y la eficiencia de su gestión, es decir, la productividad en su proceso de ventas. Uno de los pasos fundamentales de ese proceso es la prospección. Esa es la clave para que comiences a generar un embudo

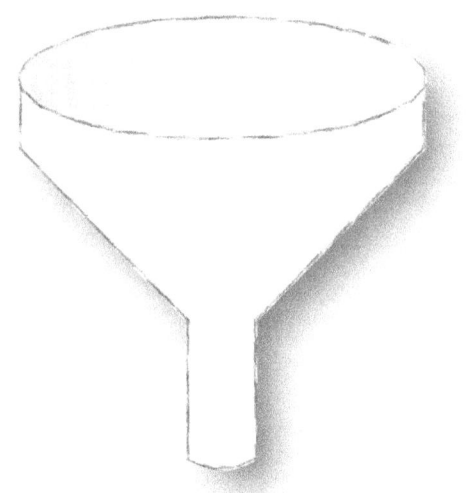

de ventas interesante que te permita ir midiendo su efectividad y su eficiencia.

Recuerda entonces que el principal objetivo de prospectar es alimentar el embudo de oportunidades, que es lo que a fin de cuentas nos va a ayudar a generar resultados extraordinarios de forma constante. Además, con esto hacemos mucho más agradable el proceso de ventas, mejorando la efectividad y nuestra productividad en términos de utilización de tiempo y recursos, haciendo que la presión sobre nuestra labor baje considerablemente.

Eso es muy beneficioso porque existen personas que cuando deben actuar bajo presión, disminuyen el ritmo en el que obtienen resultados y se paraliza. La idea es poder evitar que eso ocurra y crear vendedores más felices.

JAIME MANZANERA

Necesitamos cuatro componentes para prospectar y lograr vender rápidamente. Vamos a analizarlos un poco más a fondo para que puedas comprender la importancia que tiene esta acción.

1. MERCADO

Se refiere a nuestra audiencia objetivo, es decir, todas aquellas personas que con mayor probabilidad comprarían el producto o servicio que ofrecemos, por lo que necesitamos entender para qué lo comprarían y qué beneficios obtendrían de estos.

Tenemos que aprender a definirlos con claridad para poder conseguirlos rápidamente, algo que hacemos dividiéndolos de cuatro apartados:

- Demográficas (individuos organizados por edad y sexo, agrupados en un determinado espacio geográfico)
- Psicográficas (grupos basados en la personalidad de sus individuos, actitudes y estilo de vida, para segmentar y delimitar el mercado objetivo)
- Dolores y placeres (conociendo estas características, puedes satisfacer correctamente las necesidades de tu audiencia)
- Aquellas personas que han comprado un producto o servicio similar y han obtenido resultados o han logrado solucionar una situación. Ese individuo es parte de nuestro mercado

2. MENSAJE

Conociendo el mercado que tenemos como objetivo, podemos estructurar el mensaje con el que vamos a comunicarnos con cada prospecto. Esto es importante porque cada producto o servicio, así como cada persona a la que vayamos a contactar, debe ser abordado de manera única.

Si bien podemos utilizar un mensaje con determinadas pautas generales que conlleven a que el cliente realice una acción determinada, tenemos que adaptar el mensaje a cada quien, garantizando así una mejor comprensión de dicho mensaje, lo que se transforma en mayores posibilidades para vender.

El mensaje se refiere a la charla, la presentación de negocios, la forma en que le comunicamos al cliente que podemos ayudarle a que alcance A, B o C, a través de nuestros productos o servicios. Este mensaje se crea a partir de la clasificación demográfica, psicográfica, y utilizando los dolores y placeres como fuente para despertar el deseo.

3. MEDIO

El medio se refiere al cómo. Es decir, a la manera en que vamos a comunicar nuestro mensaje. Para esto se necesita tener claridad de donde están nuestros clientes, que hacen en su día a día y cómo podemos llegar a ellos de la forma más efectiva posible; esto incluye las opciones de comunicación disponibles para el primer contacto.

4. MANEJO

Utilizar bases de datos y software de gestión de ventas, son herramientas que permiten que los vendedores puedan prospectar mucho más rápidamente y a la vez puedan gestionar su ciclo de ventas con mayor efectividad, que es lo que estamos intentando conseguir. Eso permite colocar todo en contexto y  determinar cómo y cuándo llevar a cabo cada acción, así como saber cuándo necesitamos comenzar a alimentar nuestro embudo de oportunidades.

Prospectar inteligentemente, se entiende entonces, como la manera que tenemos para buscar de forma constante a aquellos clientes con quienes vamos a cumplir nuestras metas, en el menor tiempo y con el menor esfuerzo posible. Para esto, es vital que aprendas a calificar tus clientes de manera efectiva, desde el mismo proceso de prospección.

Muchos vendedores fallan principalmente porque tienen un gran listado de prospectos, tienen mucha esperanza, mucha fe, son demasiado optimistas; son grandes pensadores positivos, sin embargo, no se han sentado por un rato a analizar correctamente algunos asuntos fundamentales como, por ejemplo: ¿con quiénes está llenando su pronóstico de ventas, su forecast, o su embudo de ventas? Tienen la creencia de que solo basta con una gran lista.

Para prospectar inteligentemente, es necesario hacer una depuración en nuestras listas y, una de las maneras que conozco para hacer eso, es preguntarse: ¿a qué o a quiénes les dedico mi tiempo durante los próximos días para ver rápidamente unos resultados completamente distintos y extraordinarios?

Ahí es cuando comenzamos a entender el sentido que tiene la prospección para la vida de un vendedor. Ahí es cuando se coloca en perspectiva el hecho de que si no tenemos una lista de prospectos que se encuentre optimizada para alcanzar nuestros objetivos, nunca vamos a poder alcanzarlos.

Lo que debemos hacer para comenzar a depurar nuestra lista de prospectos, es tomar esa hoja de Excel que solemos utilizar para este fin y agregar una columna con la palabra necesidad.

Vamos a calificar la necesidad que tiene cada prospecto por adquirir nuestros productos o servicios, utilizando una escala del uno al cinco. Así, comienzo a preguntarme: ¿qué nivel de necesidad tiene este cliente de mi producto? Y calificaremos a cada uno según corresponda.

Esta calificación nos permite depurar la lista de prospección que hemos realizado y nos permite aprender a manejar el tiempo de una forma más adecuada, un tema fundamental, ya que buscamos obtener resultados en el menor tiempo posible y utilizando la menor cantidad de recursos, ya que de eso se trata ser eficaz y eficiente.

Recordatorio:
En la dirección www.jamanza.com/resultados encontrarás ayudas que te servirán para navegar los contenidos de este libro.

CAPÍTULO 9: MANEJANDO EL TIEMPO

El tiempo es el recurso más importante del que disponemos, no solo para las ventas, sino para la vida misma. Este es un tema urgente y se hacen necesarias toda su atención y enfoque.

Muchas personas suelen preguntar: ¿cuál es la clave para vender el doble o el triple en menor tiempo?, o bien, ¿cuál es la clave para obtener resultados extraordinarios en poco tiempo? Y la única clave que existe, es aprender a manejar el único recurso que es escaso en la vida.

Y pensando en ese asunto, muchas personas pudieran pensar que se trata del dinero, porque para muchos, el dinero es un recurso escaso; pero la verdad es que el dinero se convierte en un recurso escaso en tu vida porque tú has decidido que así sea, consciente o inconscientemente. La realidad es que el dinero es un recurso ilimitado.

El recurso más preciado, al que tenemos que darle el valor que realmente merece, es el tiempo. Ese es el recurso que es limitado, escaso, y necesitamos aprender a manejarlo adecuadamente. Cada segundo de nuestra vida es importante, debemos apreciar cada instante y optimizar todas y cada una de nuestras labores en función a esto.

EL TIEMPO EN VENTAS

No encontrarás en ninguna parte un vendedor que tenga un día que dure más de 24 horas. Eso quiere decir que la diferencia entre un vendedor que obtiene resultados normales, y uno que obtiene resultados extraordinarios, es que uno de los dos se encuentra manejando el tiempo de manera efectiva.

Entonces, tú tienes 24 horas al día, tienes 60 minutos por hora, tienes 60 segundos por minuto, y punto. No hay otra forma de medir el tiempo porque así lo acordamos los seres humanos, esa es la única forma que tiene la humanidad para medir el recurso más preciado que tenemos.

¿Y por qué decimos que es escaso si tenemos toda una vida por delante? Porque, sencillamente, cada segundo que pasa, pasó y punto. El tiempo no regresa, no podemos comprar tiempo y cada segundo mal utilizado está afectando directamente los resultados que tú obtienes.

Lamentablemente, si tú eres de los vendedores que pierde tiempo, como lo suele hacer la mayor parte de los vendedores que conozco, entonces estás perdiendo la oportunidad de conseguir resultados extraordinarios y, por lo tanto, te estás quitando opciones de tu vida.

Es momento de que decidas conscientemente tomar las riendas de tu tiempo, de lo contrario, estás permitiendo que el tiempo sea quien te controle. A lo largo de este capítulo te voy a brindar pautas que te ayudarán a ir manejando el tiempo de una manera más eficiente.

¿QUÉ ES EL TIEMPO?

Vamos a simplificar este concepto lo más posible. El tiempo no es más que una representación mental que tenemos de lo que sucede entre el día y la noche. Es todo aquello que sucede cuando el planeta tierra da vuelta sobre su propio eje. El tiempo es mucho más que unos números que van transcurriendo, el tiempo es una manera de medir los resultados que obtenemos.

Toda la efectividad de nuestra labor como vendedores, va a depender de que aprendamos a manejar el tiempo de forma eficiente. Cada uno de nosotros tiene la posibilidad de elegir qué hacer con su propio tiempo. Ahora, si los resultados que hasta este momento has estado obteniendo no se corresponden con los resultados extraordinarios que deseas, entonces deberías tomar la decisión de comenzar a utilizar tu tiempo de una mejor manera.

LA TIRANÍA DE LO URGENTE
Muchos vendedores se mantienen inmersos en la tiranía de lo urgente, dando prioridad a todo aquello que resulte urgente e importante, sin darse cuenta de que, así como existen esas dos categorías, también existen asuntos que no son urgentes ni importantes, aunque también requieren de nuestra atención.

En la imagen anterior podemos visualizar de manera gráfica lo que mencionaba en el párrafo anterior. Esta imagen está inspirada en el libro Primero lo primero, de Stephen Covey.

Allí se muestran cuatro cuadrantes y se puede ver con claridad, en cuál de los cuadrantes debemos permanecer los vendedores. Todos nosotros para ser efectivos y obtener resultados extraordinarios, deberíamos permanecer en el cuadrante número dos, haciendo cosas importantes, pero no urgentes.

Es decir, adueñarnos de nuestro propio tiempo. Un vendedor que constantemente vive atendiendo asuntos referentes al cuadrante dos y tres, que vive entre lo urgente, importante y lo no importante, es una persona que es esclava del tiempo, en manos de un tirano llamado lo urgente.

Son muchos los vendedores que no pueden planear su semana con libertad, porque no tienen tiempo para nada, porque ya su semana hizo planes por ellos. Viven sometidos al tiempo, viven contra el reloj, nunca llegan a tiempo, no pueden cumplir ningún plazo. Y demás está decir que este es un estado que desgasta mucho la vitalidad y las funciones fisiológicas de una persona.

¿Comienzas a notar la importancia de ir por la vida manejando el tiempo de manera correcta? El tiempo no puede convertirse en un tirano, sino en un aliado de nuestra causa.

De nada sirve alcanzar una pequeña cuota de éxito profesional, si vives a merced de la tiranía de lo urgente. Nunca vas a poder compaginar tu vida profesional con tu vida personal y nunca vas a sentir plena satisfacción si todo el día sientes que el reloj y el calendario son tus peores enemigos.

Ir por el cuadrante de lo importante pero no urgente, garantiza que te convertirás en un vendedor que va a lograr rápidamente aquellos resultados extraordinarios que se ha planteado.

MANEJANDO EL TIEMPO EN SIETE CLAVES

Un buen vendedor, un vendedor extraordinario, aprende a manejar el tiempo de una forma magistral. A continuación, te voy a ofrecer siete claves que te serán de gran ayuda para ir manejando el tiempo como es correcto.

MANTÉN UN REGISTRO DE TU TIEMPO

Con toda la tecnología de la que disponemos en la actualidad, es muy sencillo llevar registro de nuestro tiempo, de nuestras actividades y de todo lo relacionado con nuestro día a día. Un vendedor extraordinario siempre lleva registro de su tiempo, es muy sencillo hacerlo con el calendario de nuestro celular. Así puede ser mucho más juicioso en decidir en qué invierte su tiempo, porque por si no nos hemos dado cuenta, el tiempo es un recurso y podemos invertirlo, si no lo hacemos, entonces lo estamos desperdiciando. Lo mismo que ocurre con el dinero, el tiempo se invierte o se gasta, la única diferencia radica en que el tiempo si no lo estamos invirtiendo, lo estamos gastando. El tiempo no podemos acumularlo, a diferencia de lo que ocurre con el dinero, que podemos guardarlo para utilizarlo un poco más tarde.

UTILIZA BLOQUES DE TIEMPO

Una de las maneras más sencillas que existe para organizar nuestra agenda de trabajo, es agrupar las tareas pendientes por bloques de tiempo. Esta es una de las reglas principales para alcanzar una alta productividad personal. Y esta regla no solo podemos aplicarla a nuestra agenda laboral, sino a nuestra vida diaria. Podemos organizar cada día agrupando las actividades similares en un solo bloque y separando estos, los bloques; esto evita que nuestra atención se disperse. Por ejemplo, si necesitas hacer llamadas a clientes y prospectos, puedes dedicar un bloque de dos horas de tu día a esta tarea. Establece bloques bien diferenciados con tareas creativas, tareas administrativas, tareas online, tareas de análisis, tareas de investigación, tareas de papeleo, tareas de chequeo, tareas de comunicación, visitas y reuniones. Verás cómo tu día se hace mucho más productivo de esa forma.

SEPARA EL TIEMPO EN TU AGENDA DE ANTEMANO

La mejor manera de sacar provecho a tu agenda es planificar tus actividades futuras, por lo tanto, es necesario aprender a separar tiempo en nuestra agenda con la suficiente antelación.

Recuerde que organizando nuestro tiempo aprendemos a priorizar y nuestro inconsciente nos ayuda en este proceso, porque entiende la importancia de las actividades que estamos realizando.

Debemos asignar tiempo a cada cosa y pautar las reuniones de antemano, igualmente, necesitamos dejar suficiente espacio en nuestra agenda para dedicarlo a la familia y a nosotros mismos. Una hora para el gimnasio, nuestro tiempo de almuerzo, el tiempo para compartir con nuestra familia y amigos. Todo es posible organizándose.

TEN LAS INTERRUPCIONES PROGRAMADAS

Si quieres desarrollar realmente un manejo efectivo de tu tiempo, debes evitar las interrupciones cuando te encuentres cumpliendo con alguna tarea importante.

Una de las principales causas de baja productividad, es que constantemente estamos siendo interrumpidos por otras personas, por nuestro teléfono celular, por una conversación con alguien, un email.

Y una vez que hemos sido interrumpidos, perdemos la concentración en lo que estábamos haciendo. Mientras retomamos la actividad donde la dejamos cuando nos distrajimos, habrán pasado varios minutos. El caso es que cada minuto que perdemos, es un minuto que afectan nuestra productividad.

Las interrupciones no programadas desvían nuestra atención y disminuyen nuestra capacidad de enfoque y concentración. La solución a esto es sencilla, podemos aplicar interrupciones programadas.

Detenernos 5 o 10 minutos, estirarnos, respirar, responder unos mensajes en nuestro teléfono móvil, o sencillamente despejar la mente un poco, es muy adecuado y muy normal, y podemos incluir en nuestras jornadas de trabajo estos momentos de interrupciones programadas. Si tenemos personal a nuestro cargo, es bueno informarles que no deben interrumpir nuestro trabajo fuera de estos periodos de interrupciones programadas que hayamos establecido y acordado con anticipación.

BUSCA CONVERTIR EL TIEMPO DE DESPLAZAMIENTO Y DE ESPERA EN ALGO PRODUCTIVO

En la actualidad tenemos una gran ventaja, y es que todo es portátil, eso nos ayuda a aprovechar el tiempo muerto como los tiempos de desplazamiento o de espera, y convertirlos en algo que resulte realmente productivo para nuestra vida personal o profesional.

Hoy día podemos encontrar seminarios, conferencias, libros y toda clase de información útil en internet a través de nuestros dispositivos móviles y en diferentes formatos. Tanto puedes utilizar YouTube para ver videos de animales graciosos, como puedes utilizar el mismo tiempo para ver una conferencia sobre un tema importante para tu negocio o para tu crecimiento personal.

No hay excusas para perder el tiempo, sea que estés en el aeropuerto, atorado en el tráfico, o esperando por reunirte con un cliente, siempre hay una manera productiva de invertir el tiempo utilizando la tecnología.

Particularmente, he aprendido a utilizar estos momentos para responder emails y mensajes importantes tanto a nivel profesional como personal. Así que mientras estamos esperando, en lugar de estar perdiendo nuestro valioso tiempo, podemos hacer uso del ordenador portátil y trabajar en la propuesta que vamos a entregar a algún cliente; lo mismo ocurre con los celulares, que en la actualidad nos permiten realizar una amplia gama de tareas. De esa forma estaremos convirtiendo tiempo muerto en tiempo productivo y valioso.

DELEGA TAREAS OPERATIVAS Y ADMINISTRATIVAS

Piensa un poco en la manera en que puedes delegar a tu equipo de trabajo algunas de las actividades o tareas operativas y administrativas de tu gestión. No toda la carga de trabajo debe reposar sobre tu espalda. Un vendedor extraordinario tiene que aprender a formar un equipo de trabajo con el que pueda contar para delegar mientras él se enfoca que en tareas que tengan como objetivo hacer más rentable el negocio.

Considera esto como una inversión. Puede que tengas que pagar de tu bolsillo a esa persona que te apoye en los asuntos administrativos y operativos, mas la retribución puede ser muy grande, mucho mayor que el gasto aparente.

ORGANIZA TU TIEMPO ANTICIPADAMENTE

Finalmente, se hace necesario entender que el tiempo debe ser planeado organizadamente y de una forma anticipada. Planifica el tiempo que le vas a dedicar a cada uno de tus clientes, y el tiempo que le vas a dedicar a desarrollar cada una de las actividades de tu día a día, incluyendo el tiempo de descanso y el tiempo que dedicarás a tu familia.

Planificar y organizar el tiempo anticipadamente permite mejorar tus resultados y te deja espacio para maniobrar en caso de imprevistos. Muchos vendedores tienen la excusa de que trabajan muy duro y por eso no tienen tiempo de organizar su tiempo, nunca tienen tiempo para nada. Al contrario, no tienen tiempo para nada porque no han aprendido a organizar su tiempo.

Recordatorio:
En la dirección www.jamanza.com/resultados encontrarás ayudas que te servirán para navegar los contenidos de este libro.

CAPÍTULO 10: SINTONIZANDO

En las ventas se hace necesario aprender a crear conexión con otros individuos. Este tema resulta apasionante, aquí la programación neurolingüística (PNL) nos aporta una gran cantidad de técnicas prácticas para lograr este objetivo.

Sintonizar con las demás personas es una habilidad que podemos aprender y dominar a la perfección. Es un tema al que podremos sacar mucho provecho dentro del mundo de las ventas.

Se refiere al arte de la seducción, en especial a cómo nos podemos convertir en líderes con la capacidad de influir en las demás personas de manera positiva y hacer que les vaya bien con las decisiones que tomen.

Sintonizar con el cliente es la mejor y más eficiente manera que tenemos para influir en sus decisiones, para atenderles correctamente y para ofrecerles soluciones con valor real para sus vidas.

SINTONIZANDO CON EL CLIENTE

La sintonía, conocida en inglés como "Rapport", es un tema fundamental para alcanzar efectividad en el proceso de venta.

La programación neurolingüística (PNL) nos ofrece una gran cantidad de herramientas y opciones para lograr sintonía con nuestros clientes. Una de las cosas más típicas que todo vendedor busca, es encontrar la manera de generar confianza en personas desconocidas y hacerlo de una forma rápida. La sintonía es un proceso que tiene mucha semejanza con el arte de la seducción.

Sintonizar significa conectar con los deseos y las necesidades inconscientes de otra persona. Sintonizar con el cliente se refiere a predisponer favorablemente al cliente con la propuesta que le vamos a presentar, de forma que podamos captar su interés y hacer que nos escuche, a fin de crear un ambiente propicio para la venta.

Sintonizar con el cliente es buscar que la persona que está enfrente de nosotros, entre en una misma frecuencia de onda. Sintonizar es hacer que dos personas que están conversando se vean con ojos de confianza, se sientan cómodos el uno con el otro, se escuchen adecuadamente y construyan una relación. Sintonizar es muy diferente a causar empatía, aunque ciertamente la empatía es una de muchas formas por las que se puede lograr sintonía con una persona. Hay que tener presente que también existen formas de sintonía inadecuadas y muy fuertes, como son las peleas y las discusiones. Esas son formas de sintonía donde ambos seres se encuentran en la misma frecuencia, aunque a una vibración no adecuada, como suele llamarse en PNL.

Los seres humanos, gracias a nuestra parte animal, nos atraemos entre iguales, nos agrupamos entre afines. Es por eso que, para generar sintonía, es importante que nuestro cerebro le muestre al cerebro de la otra persona que estamos dentro de la misma frecuencia y, para esto, utilizamos los recursos que corresponden al 93 % de la comunicación, que es la comunicación no verbal.

Es necesario que un vendedor busque sintonizar inmediatamente con el cliente, y esto lo consigue utilizando el lenguaje corporal. Cuestiones como el tono de la voz, el uso del cuerpo, la fisiología, los gestos de la cara, la dirección de la mirada, la forma en que se estrecha la mano, la velocidad del saludo, la forma en que tensa los hombros o la postura que tiene sobre su asiento; todos comunican mensajes no verbales entre los interlocutores.

Son muchos los aspectos que nos permiten comunicarnos con otras personas sin mediar palabras y de esta clase de comunicación va a surgir la sintonía.

SINTONÍA PROFUNDA

Es fácil darse cuenta cuando las personas se encuentran en sintonía profunda. Solo basta con utilizar el transporte público o estar en algún sitio donde se encuentren muchas personas sentadas para notar algo muy curioso, y es que casi todos están sentados igual y, cuando una persona cambia la postura en la silla, otros le siguen y le emulan sin importar la distancia a la que se encuentren.

Lo mismo ocurre con los enamorados. Si observamos a una pareja nos damos cuenta que son seres humanos que se conectan en su comunicación verbal y, sobre todo, en la no verbal, y eso incluso hace que ambos respiren al mismo ritmo; cuando su cuerpo cambia de postura el otro cuerpo también cambia inmediatamente de postura, asumiendo una muy parecida, por no decir igual a la del otro.

Y de allí tomamos una técnica simple e interesante y es la igualación. Esta técnica se parece más a un juego que a una técnica de comunicación no verbal para causar sintonía. Consiste en igualar la postura de la otra persona, el ritmo de respiración, el parpadeo, todos los movimientos inconscientes.

La igualación lo que busca es que los dos seres humanos se muevan igual, y el objetivo es que la otra persona entienda a nivel inconsciente que me estoy conectando con ella, para que la comunicación sea efectiva y para que le vaya bien, como indica nuestra definición de lo que son las ventas.

SINTONÍA DE PATRONES VISUALES

Existen una gran cantidad de refranes populares que nos enseñan sobre la importancia de los ojos de las personas.

La mirada tiene la cualidad de ser muy expresiva; los ojos de las personas tienen algo particular. Cuando alguien habla, mueve los ojos hacia arriba, abajo, a un lado, al otro. Todos los seres humanos lo hacemos de manera inconsciente y hoy voy a contarte un poco sobre la teoría de programación neurolingüística donde se involucran los patrones visuales.

El sustento de las teorías de PNL referente a los patrones visuales se basa en la idea de que los músculos oculares se mueven respondiendo al estímulo de búsqueda de información. Por ejemplo, cuando miramos hacia arriba estamos accediendo a información de tipo visual, si la mirada va de un lado al otro a la altura del oído, la información que busca es auditiva y cuando se mira hacia abajo se busca en el cerebro información sobre sabores, sensaciones y olores. Esto permite entender mejor las reacciones de los clientes y ayuda a sintonizar con ellos.

La programación neurolingüística (PNL) nos ofrece un concepto denominado «Sistemas de Representación». En este concepto, se aprende que el estado mental que genera una determinada experiencia, es una representación de la experiencia real que generó ese estado.

Es decir, que experimentamos el mundo a través de los sentidos y que nuestros órganos sensoriales (gusto, tacto, oído, olfato y vista) son los responsables de captar toda la información de nuestro entorno para posteriormente transmitirla a nuestro cerebro por medio de impulsos nerviosos. Es entonces cuando el cerebro analiza y procesa esa información para emitir una respuesta y esa respuesta se queda grabada a nivel inconsciente.

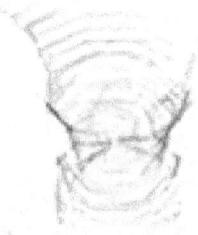

Los cinco sentidos nos proporcionan la información que permite que nos relacionemos con el medio. De modo que experimentamos la realidad como un fruto de nuestra experiencia sensorial.

JAIME MANZANERA

Entonces, el mundo tal y como lo conocemos es una interpretación de la información que experimentamos con nuestros sentidos. Los sabores, colores, formas, olores, sonidos y texturas, generan como resultado pensamientos, emociones, sentimientos y conductas. La sintonía de patrones visuales se desprende de la existencia de tres tipos de sistemas de representación: visual, auditivo y kinestésico; adicionalmente se incluyen los sistemas olfativo y gustativo, aunque estos ya están inmersos en el kinestésico.

MODELO VAKOG

VAKOG es un modelo de comunicación que resume la forma en que la información ingresa y es procesada e interpretada por nuestro cerebro a través de los 5 sentidos. Es la forma en la que se crean las representaciones de lo que concebimos como realidad.

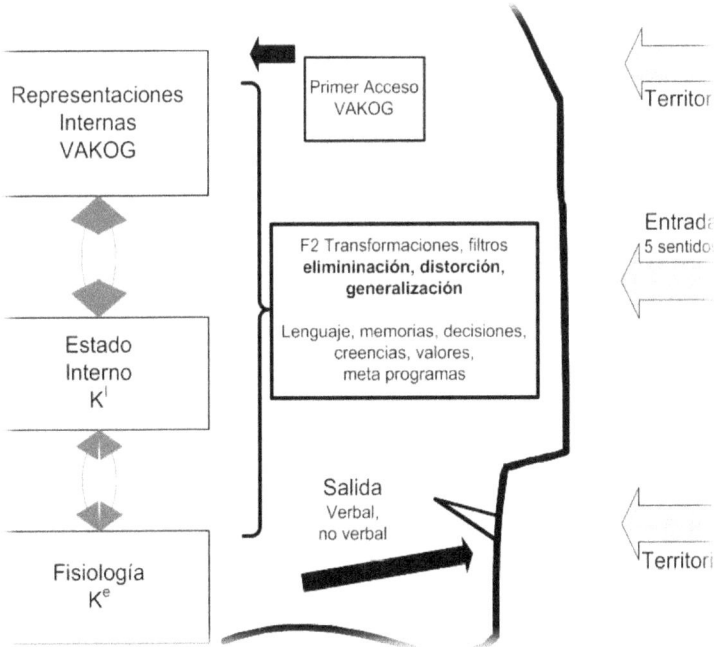

SISTEMA VISUAL
Es la representación del mundo en términos de imágenes. Este sistema recoge información referente al brillo, color, luz, nitidez, perspectiva, contraste y movimiento.

Las personas en las cuales domina el sistema visual, traducen la información a imágenes. Ve la información y la procesa.

SISTEMA AUDITIVO

Este sistema se refiere a los sonidos que escuchamos. Es el sistema que utilizamos cuando escuchamos música, cuando hablamos con nosotros mismos o cuando recreamos en nuestra mente las voces de otras personas. Este sistema presta especial atención al tono, timbre y volumen de los sonidos.

Las personas en las que domina este sistema, tienen la capacidad de traducir los sonidos en información.

SISTEMA KINESTÉSICO

Este sistema se relaciona con el tacto y la conciencia, aunque normalmente se incluyen también el olfato y el gusto. Este sistema de representación tiene como foco las sensaciones físicas como texturas, cambios de temperatura, olores y sabores.

Una persona kinestésica va a sentir la información para posteriormente traducirla en sensaciones.

SISTEMA OLFATIVO

Este sistema se relaciona con el sentido del olfato. Se relaciona con los aromas y todo aquello que llega a través del olor como la comida, los perfumes, olores desagradables.

Hay personas con particular tendencia a recibir información rápidamente por medio de los olores que percibe.

SISTEMA GUSTATIVO

Este sistema engloba toda aquella información que el cerebro percibe por medio del sentido del gusto. Eso se relaciona con los sabores dulces, salados, ácidos y amargos, así como las sensaciones que cada uno de ellos causan en nosotros.

Muchas personas tienen la facilidad de experimentar mejor la información que perciben por el sentido del gusto.

Por supuesto, estos sistemas no se utilizan de forma aislada, ya que no solemos experimentar el mundo con un solo sentido.

Todos y cada uno de nosotros utilizamos una combinación de todos los sistemas para recrear la realidad, aunque solemos utilizar uno de ellos de forma predominante.

La importancia de conocer el modelo VAKOG, radica en que podemos determinar cuál es el sistema predominante en nuestro interlocutor, por medio de la sintonía de patrones visuales y de allí utilizar los sistemas representativos de manera que podamos comunicarnos con esa persona en su mismo lenguaje, en su mismo idioma, y con esto lograr un mayor impacto en nuestro discurso y en la forma en la que entregamos nuestro mensaje.

Cada persona elige una manera particular para comunicarse y, por lo tanto, para que una persona compre un producto, hay que poder hacer que vea, escuche y sienta, todo a la vez.

Seguramente alguna vez escuchaste a alguna persona decir la famosa frase «tengo que ver para creer», allí tienes una clara señal de que estás tratando con una persona predominantemente visual y para tratar con ella, lo mejor es lo visual, es decir, los gráficos, los folletos, las imágenes, los colores, la comunicación cara a cara.

Los auditivos son aquellos clientes que se llevan muy bien con el teléfono. ¿Quieres reconocerlos? Pues, por lo general son personas que cuando hablan tienden a inclinar la cabeza, como reaccionando a los estímulos verbales que están recibiendo.

Los kinestésicos por lo general son esas personas que suelen tomar decisiones por intuición o por corazonadas. Ellas tienen la habilidad de hablar siempre mostrando un sentimiento y pueden comprender también lo que está sintiendo otra persona con mucha facilidad.

INSPIRANDO CONFIANZA

Este aspecto es un problema para algunos mientras que para otros resulta la excusa perfecta para no alcanzar sus objetivos.

Ciertamente es un tema difícil y complicado, sobre todo cuando necesitamos relacionarnos con clientes de manera rápida, contundente y sólida. La palabra confianza dice muchas cosas y tiene muchos matices.

Entre las dudas principales de todo vendedor encontramos: ¿para qué nos sirve ganarnos la confianza de un cliente?, ¿cómo hacer para que desde la primera interacción con el cliente exista la confianza? Bien, la confianza nos sirve para hacer que el cliente nos ofrezca más información que a la competencia, nos diga cosas que a otros no le dijo, nos cuente cosas que a otros no ha contado, o sencillamente, para que nos ofrezca información que puede ser de vital importancia para poder llegar a concretar ese negocio que tanto estamos deseando conseguir.

Y para continuar, quiero que pensemos por un momento en lo siguiente: ¿en quién confías tú?

Te propongo un ejercicio: quiero que pienses, tal vez por primera vez en la vida, en ¿qué tipo de gente se te hace más fácil confiar? Piensa en esa respuesta con detenimiento y si quieres escribe en algún lado lo que estás pensando en este preciso momento, porque es información muy importante que vamos a utilizar para lo que sigue.

Mientras realizas ese análisis, quiero explicarte que la confianza es simplemente una hipótesis, una teoría, una creencia, una opinión. Es un concepto que nos labramos en la mente y que nos ayuda a creer que a futuro la persona que está al frente nuestro, la empresa, la marca, el producto o el servicio que me vayan a prestar, realmente va a cumplir con mis expectativas.

La confianza depende de la forma en la que me comunico y en este sentido, hay que tener en cuenta que el 93 % de la comunicación es no verbal.

Solo el 7 % de la comunicación depende de las palabras que utilice, el 9 3% restante depende de elementos a nivel inconsciente, tal y como hemos estudiado a lo largo de este capítulo.

Con esto ya en claro, retomamos la pregunta: ¿en quiénes confías tú? Al respecto se escuchan varias clases de respuestas, y la más común sería algo como «yo confío en gente que es muy parecida a mí, muy igual a mí, similar a mí».

Esas son personas que tienen autoconfianza. Cuando alguien confía en personas parecidas sí mismos, es porque son personas que confían en ellos mismos; y tiene sentido ¿cierto?... Si yo confío en mí mismo y encuentro gente parecida mí, pues automáticamente confío en ellos. En el caso contrario, hay otro tipo de personas que no confían en sí mismos y por lo tanto siempre le quedará más difícil confiar en los demás.

Siendo así, voy a enseñarte una estrategia que puede ayudarte a generar confianza en ambos tipos de personas. Un error habitual en al menos 95 % de los vendedores, es que centran su atención en lo que conocen perfectamente, es decir, en sus productos y servicios, en su compañía y en lo bueno de lo que ofrecen.

La forma real de ganar la confianza de una persona, desde el primer contacto es colocando toda la atención en ella. Esta simple acción cambia radicalmente el tema de la confianza.

Si yo voy a donde un cliente hablando acerca de su situación, de su problemática, las implicaciones de esa problemática, sus necesidades, lo que él quiere, para qué lo quiere, cómo lo quiere, cuándo lo quiere, dónde lo quiere, se vuelve mucho más sencillo generar confianza en él porque la persona siente que la atención está toda puesta en ella y eso es algo que se percibe incluso desde el mismo saludo.

LAS TRES VERDADES INDISCUTIBLES

Ya teniendo en claro que, para generar confianza el centro de la conversación no podemos ser nosotros mismos, ni los productos y servicios que estamos ofreciendo, sino el cliente, y que debemos hacérselo sentir de esa forma desde el primer contacto, vamos a aprender una técnica genial y muy útil.

La técnica lleva por nombre «Las tres verdades indiscutibles». Y se llama así porque se refiere a utilizar dentro de las primeras líneas de comunicación, frases que incluyan tres verdades que no tengan discusión alguna.

PRIMERA VERDAD INDISCUTIBLE

En mi caso particular, cuando saludo, lo primero que utilizo es mi nombre, y digo: «mucho gusto, yo soy Jaime Manzanera». Creo que ninguna persona puede discutir que yo me llamo Jaime Manzanera ¿cierto?

A nivel inconsciente, si hay algo de lo cual todos y cada uno de nosotros tenemos certeza absoluta es de nuestro propio nombre. Por tanto, cuando yo comunico con firmeza mi nombre a otra persona, estoy comunicándome también a nivel inconsciente, utilizando ese 93 % de la comunicación que es no verbal, para comunicarle contundentemente a la otra persona que estoy diciendo la verdad y que puede confiar en mí y en la información que sale de mi boca. Ya allí abrimos la primera brecha para obtener la confianza de la otra persona.

SEGUNDA VERDAD INDISCUTIBLE

La segunda verdad es igual de sencilla. Si yo trabajo para una empresa, o represento una marca y nombro a la compañía para la que trabajo, volvemos a generar un segundo lazo de confianza. Van dos verdades indiscutibles recibidas a nivel inconsciente de forma inmediata. Es tan sencillo, que llega un momento en que lo hacemos rutina.

TERCERA VERDAD INDISCUTIBLE

¿Cuál sería la tercera? Pues una mucho más sencilla. Utilice el nombre del cliente inmediatamente. Esa es la mayor verdad indiscutible, ya que el cliente se llama así y no va a poder refutarlo, ¿y eso que va a generar? Lo que estamos buscando, confianza.

Ahí tienes una de las técnicas más sencillas para conseguir la confianza de tus clientes desde el primer minuto en que tengan contacto. Y esto funciona al teléfono, funciona cara a cara, funciona por email. Realmente es una estrategia sencilla, que la podemos poner en práctica siempre y convertirla en una manera habitual de comunicarnos.

Alrededor de esta técnica existen algunos ingredientes adicionales.
Por ejemplo, nunca tenga las manos en los bolsillos al saludar, ni las lleve detrás de su cuerpo, siempre mantén tus manos visibles y al frente. Eso envía un mensaje directo al inconsciente y le comunica a la persona que vienes abierto, sin esconder nada y con buenas intenciones.

Igualmente, mira a los ojos, ya que esto muestra que eres una persona que se encuentra dispuesta a dar la cara. Esto es importante porque el rostro es una parte fundamental de la comunicación no verbal, en el rostro se reflejan diferentes gestos que en la gran mayoría de las ocasiones son mucho más elocuentes que las mismas palabras.

Recordatorio:
En la dirección www.jamanza.com/resultados encontrarás ayudas que te servirán para navegar los contenidos de este libro.

CAPÍTULO 11: EXPLORANDO

La satisfacción de las necesidades de los clientes es un tema fundamental para todo vendedor. Las necesidades del cliente son nuestras oportunidades.

Una de las funciones principales de todo vendedor es intentar definir,  detectar, reunir o confirmar la situación del cliente sobre sus necesidades y motivaciones de compra. Cuanta más información se obtenga de parte del cliente, más fácil será decidir los productos o servicios que se ajustan a su necesidad y los argumentos a utilizar para vender efectivamente.

Explorar correctamente al cliente es una valiosa habilidad dentro del proceso de compra.

¿PARA QUÉ ENTREVISTAR, EXPLORAR Y PREGUNTAR?

Necesitamos aprender a realizar las preguntas correctas y adecuarlas a las diferentes personalidades de cada individuo con el que vayamos a interactuar.

Sabiendo formular una pregunta podemos conseguir información de un cliente silencioso o por el contrario centrar bien el tema con aquellos que hablan demasiado.

De los diferentes tipos de preguntas que existen, las más importantes para utilizar como vendedor son las siguientes:

PREGUNTAS CERRADAS

Son aquellas que pueden responderse simplemente con un sí o un no, sin necesidad de argumentación adicional. Suelen utilizarse con clientes que resulten poco comunicativos y permiten limitar la respuesta a frases muy concretas; son necesarias para guiar la conversación por donde el vendedor desee, evitando así que se disperse la atención del cliente y nos otorgue información poco útil a los fines que estamos buscando.

PREGUNTAS ABIERTAS

Esta clase de pregunta es muy utilizada y persiguen una información más amplia. Pueden dar mucha información cuando se trabaja con un cliente comunicativo y permiten que este se exprese libremente, revelando datos útiles para posteriormente poder argumentar con propiedad, luego de detectar las necesidades del cliente.

TÉCNICA SPIN

Es un método de venta que consiste en analizar a profundidad la situación del cliente mediante el uso de preguntas que permiten explorar y detectar sus necesidades y así poder presentarle los productos o servicios que le sirvan de solución.

Es una técnica de ventas que fue desarrollada a inicios de los años 90 y que fue puesta de moda por la compañía Xerox. La misma se basa simplemente en preguntar para averiguar cuáles son las necesidades del cliente y luego proceder a ofrecerle los productos o servicios que resuelvan su necesidad.

SPIN es la abreviatura de los cuatro conceptos que componen el método.

SITUACIÓN

Lo primero, es obtener toda la información básica del cliente, la cual te va a permitir determinar la coyuntura en la que se encuentra. La mayor parte de este trabajo la realizarás durante el proceso de prospección, de esta forma solo tendrás necesidad de preguntar al cliente aquello que no hayas podido determinar por ti mismo. Una ventaja de establecer la situación del cliente durante el proceso de prospección, es que desde el momento de la primera comunicación te verás preparado, haciendo las preguntas correctas. El análisis de la situación obedece entonces a un diagnóstico del cliente.

PROBLEMA

Una vez que has determinado con exactitud cuál es la situación del cliente, deberás identificar el problema o la dificultad que se encuentra afrontando, nuevamente mediante el uso de preguntas claves. Una de las preguntas usuales para determinar el problema de un cliente puede ser: ¿en qué áreas del negocio encuentra limitaciones? Puedes utilizar preguntas cerradas que te permitan confirmar información precisa. Las preguntas que realices deben llevarte a descubrir cuál es la oportunidad que se te está presentando para resolver, dependiendo del problema del cliente.

IMPLICACIÓN

Cuando ya has determinado cuál es el problema, debes entonces averiguar cuál es la importancia que tiene para el cliente. Aquí se hace necesario hacer preguntas que lleven al cliente a ser más consciente de la necesidad de resolver el problema que está enfrentando y a la vez, permitir al vendedor ajustar su oferta para hacerla más atractiva. En la implicación comenzamos a trabajar utilizando los beneficios que el cliente puede obtener del producto o servicio que se está vendiendo.

NECESIDAD

El último paso de este sistema consiste en realizar preguntas que sugieran la forma en que tu producto o servicio es capaz de resolver el problema del cliente. Al llegar a este punto, ya se tiene que haber despertado el interés del cliente y tendrás claras cuáles son sus necesidades reales, por lo tanto, estarás en capacidad de presentarle una oferta hecha a su medida y con altas probabilidades de éxito. Este paso se refiere exclusivamente a ofrecer la solución adecuada para el problema del cliente.

EXPLORANDO NECESIDADES

Para vender un producto o servicio, es necesario hacer coincidir los beneficios de este con las necesidades que ha expresado el comprador. Esta coincidencia no es casualidad, en realidad, es producto de un trabajo de investigación.

Para detectar las necesidades de los clientes, el vendedor necesita hacer preguntas y, aunque esto parece un acto muy sencillo, en realidad es un tanto complicado.

Preguntar es una habilidad, un hábito, que hecha de la manera correcta, resulta contundente. Preguntar es la herramienta más certera para recopilar información.

Es usual pensar que el cliente se va a aburrir o se va a sentir presionado, incómodo y molesto por un vendedor que realice demasiadas preguntas. Justamente para resolver este problema trabajamos la sintonía y la generación de confianza en el capítulo anterior, porque antes de comenzar a realizar preguntas que nos permitan indagar las necesidades del cliente, debemos entrar en sintonía con él y generar un ambiente de confianza mutua que le haga sentirse a gusto con la conversación, y nos de la libertad de explorar con detenimiento hasta identificar sus necesidades reales.

Cuando un vendedor logra establecer sintonía y confianza con un cliente, él mismo estará dispuesto a responder cualquier pregunta con la mejor disposición. Esto es fundamental en las ventas consultivas, ya que nosotros como vendedores, necesitamos convertirnos en asesores y consultores para nuestros clientes, puesto que somos expertos en un tema sobre el cual el cliente requiere ayuda y asesoría para suplir una necesidad por medio de un experto.

Es importante entender esto, tenerlo claro ayuda a que la comunicación con el cliente fluya de manera natural y las preguntas que se necesitan resolver se podrán expresar de forma simple, directa, cordial y en plena sintonía con el cliente y sus necesidades.

El cliente siempre tiene una necesidad que requiere ser satisfecha, aunque no la haya verbalizado e incluso él mismo no la tenga clara en el momento de la exploración. Con las preguntas adecuadas, podemos guiar la conversación hasta el punto en que el cliente logra descubrir la necesidad real que tiene y es ahí cuando el vendedor tiene la oportunidad de ofrecer la solución oportuna.

PAQUETE VERBAL

Ahora vamos a conocer y aprender a trabajar con una técnica de programación neurolingüística (PNL) que resulta altamente efectiva. La misma fue creada por John Grinder en colaboración con Carmen Bostic St Clair, y particularmente la considero tan positiva, que siempre recomiendo utilizarla de manera compulsiva.

La técnica se denomina «Paquete Verbal» y es una técnica de preguntas que se enfoca en tres elementos que interfieren en la comunicación efectiva. En programación neurolingüística se ha descubierto que el ser humano, de forma inconsciente, procesa la información de tres maneras diferentes:

1. **DISTORSIONA LA INFORMACIÓN** Es decir, que de la fuente al receptor el mensaje enviado suena distinto, se escucha distinto y se interpreta distinto. La información emitida llega al receptor y este la procesa y la distorsiona.
2. **ELIMINA INFORMACIÓN** Del emisor al receptor desaparecen palabras, conceptos e ideas y eso hace que la información suene distinta.
3. **GENERALIZA INFORMACIÓN** Se hace una inferencia deductiva que engloba todo, es decir, el receptor crea una conclusión universal en base a la información que ha recibido.

Con la técnica del paquete verbal, vamos a aprender a contrarrestar rápidamente estos tres procesos inconscientes para que el cliente nunca suponga ni de por sentado que le hemos dado suficiente información, lográndolo de una manera respetuosa.

El tema del respeto es importante porque implica que no debemos imponer nuestros criterios, sino, enfocarnos en crear un clima que le permita al cliente actuar con la suficiente libertad para decir lo que piensa, de esta forma se puede abordar el tema del problema a resolver de una manera fluida.

Esto involucra el uso de preguntas abiertas que permitan guiar la conversación y permitan colocar al cliente dentro del contexto que necesitamos, aunque sin tener un guion de preguntas ya establecidas que puedan causar una conversación forzada y poco amigable.

El paquete verbal se refiere a hacer que el cliente entre en contexto y, una vez que de la primera frase, tú tomarás el sustantivo de esa frase y le vas a anteponer las palabras «qué» o «cuál».

Para entenderlo mejor, los sustantivos son una clase de palabra que designa a personas, animales, cosas, lugares, sentimientos o ideas. Tu trabajo es identificar el sustantivo que tenga referencia directa con el problema y anteponer las palabras «qué» o «cuál» , seguido de la pregunta, para ahondar de forma directa en el tema en cuestión; esto hace que el cliente comience a dar información valiosa.

También se puede utilizar el verbo, seguido de la palabra «cómo» para formular la pregunta. El cliente comenzará a dar muchísima información, esto se debe a que la técnica inconscientemente hace sentir a la otra persona que está hablando consigo misma, que está pensando en voz alta.

Esto ocurre porque la forma de indagar es adecuada y porque el vendedor y el cliente se encuentran en sintonía; tú habrás sintonizado con las necesidades del cliente.

El paquete verbal se reduce entonces a cuatro fases interrelacionadas:

- ¿Qué/cuál **el sustantivo** específicamente? Se busca llegar al último y bien definido sustantivo antes de proceder con el verbo
- **¿El verbo** cómo específicamente? Se busca llegar al último y bien definido verbo, para complementar la información que recibimos
- **¿Y algo más?** Agregamos esta pregunta para que el cliente nos diga todo antes de presentar nuestra solución
- **¿Para qué?** Buscando encontrar el propósito, la intención, los beneficios percibidos por el cliente con respecto.

Veamos un ejemplo práctico del uso del paquete verbal para ayudarte a entender mejor todo el proceso.

Si durante una conversación con un cliente, él te comunica una frase como: «lo que yo necesito es un aparato que me ayude a solucionar esto», encontramos que en esta frase el sustantivo es «aparato». Entonces toma el sustantivo que ha utilizado el cliente y formula tu pregunta: ¿qué aparato específicamente? Aquí puedes utilizar «qué» o «cuál» de forma indistinta.

El resultado será que el cliente comienza a ser más específico en su comunicación; inmediatamente brindará explicaciones más concretas sobre el tipo de aparato que necesita y las características que espera que tenga para solucionar su problema.

Sencillamente comenzaremos a obtener información de calidad, de la misma boca del cliente, la cual nos permitirá explorar directamente sus necesidades para entenderlas y posteriormente ofrecer una solución concreta en base al conocimiento que tenemos acerca de los productos y servicios que estamos vendiendo.

Con la información que se obtiene por medio de esta técnica y por medio de la técnica SPIN, nos convertimos en exploradores compulsivos de las necesidades de los clientes que abordamos. Es por ello que se hace necesario aprender a dominar varias técnicas de exploración de las necesidades de los clientes, con la finalidad de satisfacerlas.

Recordatorio:
En la dirección www.jamanza.com/resultados encontrarás ayudas que te servirán para navegar los contenidos de este libro.

CAPÍTULO 12: MANEJANDO LA INFORMACIÓN

Como vendedores, necesitamos velar por la excelencia en la obtención y el manejo de la información de nuestros clientes, esto es fundamental durante el proceso de venta.

Los pasos de prospección y exploración son primordiales, de allí se obtiene toda la información necesaria para continuar el proceso correctamente, presentando, negociando, manejando objeciones y finalmente llegar a un acuerdo y cerrar las ventas.

Nada está puesto al azar dentro del proceso de venta, cada paso está relacionado con el anterior y con el siguiente; tenemos la posibilidad de otorgarnos ciertas licencias en cuanto a personalización del proceso, sin embargo, nunca podemos eliminar ninguno de los pasos que hemos venido describiendo, ya que de cumplir todos y cada uno de ellos, depende la efectividad que tengamos como vendedores y los resultados extraordinarios que podamos obtener por nuestra gestión. Entender la importancia de manejar correctamente la información del cliente es el tema en el que vamos a centrarnos a lo largo de este capítulo. La información es la principal herramienta, la que necesitamos explotar al máximo para seguir avanzando satisfactoriamente en los procesos siguientes.

IMPORTANCIA DE TENER LA MAYOR CANTIDAD DE INFORMACIÓN POSIBLE DE TU CLIENTE

Uno de nuestros principales deberes como vendedores, es añadir valor a los productos o servicios que estamos ofreciendo y, por ende, a la vida de cada uno de los clientes con los que establecemos una relación; esto lo podemos lograr de diferentes maneras.

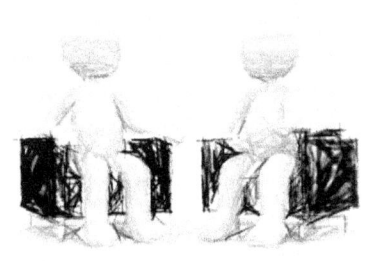

Para lograrlo es necesario entender que los productos o servicios no van a venderse solos, necesitan de promoción, porque la gente por lo general no compra espontáneamente, como bien lo hemos aprendido a lo largo de los capítulos que hasta ahora se han presentado.

Si queremos agregar valor a la vida de nuestro cliente, necesitamos primero convertirnos en un asesor, en un consultor especializado, de forma que podamos responder correctamente a cualquier inquietud, hacer sugerencias y guiar el proceso de venta hasta el punto en que el cliente finalmente perciba con claridad el beneficio que va a obtener cuando cierre la venta. Nada de esto podríamos hacerlo correctamente si no manejamos la información de manera oportuna. Un vendedor será mucho más competitivo si aprende a explotar la información de sus clientes, ya que estos son su principal fuente de ingresos.

Existe un refrán popular muy conocido que dice que «la información es poder», de manera que, si quieres volverte un vendedor cuya gestión arroje resultados extraordinarios, tienes obligatoriamente que aprender a conocer mejor a tus clientes y posteriormente manejar esos datos que tienes de ellos.

Crear una base de datos de clientes te permite entre otras cosas:

IDENTIFICAR A TUS CLIENTES

La información te permite saber quiénes son, cómo son, cómo se comportan y qué necesitan, lo cual te ayudará a optimizar las herramientas de las que dispones, afilar tus habilidades y centrar tus esfuerzos en las personas y los medios correctos.

GANARLE A LA COMPETENCIA

Un cliente siempre va a preferir hacer negocios con una persona en la que confíe; eso ya lo aprendimos en el capítulo 10. Parte del proceso de sintonizar con nuestros clientes comienza con personalizar al máximo la atención que les estamos ofreciendo, de modo que entiendan que nos hemos preocupado por conocerlos y comprender la situación que requieren solucionar. Eso nos diferencia.

RETENER A TUS CLIENTES

Un cliente que se considere bien atendido, muy difícilmente se cambiará a la competencia. Las personas siempre prefieren estar en ambientes que les generen confianza, de modo que, si desde la primera vez que hacemos contacto con los clientes les generamos buenos resultados, tenemos una comunicación oportuna y cálida y hemos aprendido a dominar el arte de hacer las preguntas correctas, de la manera correcta y en el momento correcto, tendremos garantía de que podremos retener a nuestros clientes a lo largo del tiempo.

Y para que todo lo anterior ocurra, necesitamos manejar adecuadamente la información que obtenemos de ellos, desde el momento de la prospección hasta el momento de la exploración de sus necesidades.

DESARROLLAR RELACIONES A LARGO PLAZO

Al conocer a fondo a nuestros clientes, sus necesidades y sus hábitos de consumo, podremos anticiparnos a sus requerimientos, ofrecerle oportunamente todo aquello que lo pueda beneficiar y serle de alto valor y utilidad. Esto nos ayuda a establecer relaciones comerciales a largo plazo.

Conocer a nuestros clientes nos ayuda a darles exactamente lo que ellos necesitan y están pidiendo, en la forma en que ellos lo están deseando. La información nos ayuda a cubrir las necesidades de nuestros clientes de manera oportuna y eficiente.

INVESTIGACIÓN COMO UNA ACTITUD PERMANENTE

Como podemos darnos cuenta, la labor de investigación es un asunto importante. El cliente necesita de nosotros como expertos capaces de aportar soluciones, y nosotros nunca vamos a poder aportar esas soluciones si no aprendemos y entendemos que el proceso de investigación no es solo un paso para vender, sino una actitud que tenemos en todo momento.

La labor investigativa del vendedor la podemos resumir en 4 características fundamentales:

- **Escuchar.** No solo basta con oír al cliente, necesitamos escucharlo y entenderlo, uno de los mayores errores en las ventas es hablar demasiado y escuchar poco.
- **Observar.** No solo tenemos que ver, sino, tener la actitud para observar el problema que el cliente presenta para posteriormente intentar plantear una solución.
- **Preguntar.** No es lo mismo interrogar y hacer sentir incómodo a un cliente, que generar un ambiente de

confianza y sintonía con él, que nos permita explorar sus necesidades. Esto ya lo trabajamos en capítulos anteriores.

• **Investigar.** Hacer las preguntas correctas que permitan conseguir respuestas precisas, usar la información, analizar y tomar acción. De eso se trata el proceso de investigación.

El objetivo se hace cada vez más claro entonces; necesitamos tener una base de datos con información de calidad y aprender a utilizarla.

Tener información de calidad de cada uno de nuestros clientes puede convertirse en una mina de oro si sabemos hacer uso de ella durante el proceso de venta. Con la información adecuada, podremos argumentar correctamente cuando hagamos una presentación de negocios, y vamos a estar suficientemente preparados para manejar las posibles objeciones de nuestros clientes, como veremos en capítulos posteriores.

De momento, dediquemos este tiempo a entender la importancia que tiene ir a lo largo del proceso de ventas manejando la información de forma hábil y oportuna.

Si un vendedor es una persona que posee un deseo compulsivo de generar valor en la vida de otras personas, en la vida de nuestros clientes, entonces es necesario que aportemos valor en cada uno de los contactos que hagamos con ellos. Es por esa razón que la comunicación debe ser personalizada siempre, tomando en consideración los gustos, intereses y hábitos de compra que hemos investigado en cada uno de nuestros prospectos.

Manejar correctamente la información es la base de la comunicación efectiva con los clientes. Es la única forma que tenemos para despertar su interés y mantenerlo, e influir en el proceso de decisión que el mismo realizará.

Debes recordar siempre que el trabajo de ventas es persuasivo; por lo general un cliente no quiere que nadie le venda nada, pero con la estrategia correcta sí estará dispuesto a comprar aquello que despierte su interés.

Como ya hemos aprendido, el cliente mismo es una fuente de información muy valiosa para todo vendedor. Las empresas trabajan constantemente para crear productos o servicios con la única intención de que sean los clientes quienes los consuman, de satisfacer sus necesidades.

Por lo tanto, necesitamos saber qué es lo que quieren para utilizar esa información de manera oportuna. Y para eso, debemos aprender a conocerlos en profundidad y entablar una relación más cercana con ellos.

Esto es posible cuando seguimos las pautas que hemos venido desarrollando a lo largo de los capítulos anteriores.

Esto nos lleva finalmente a entender el proceso mental que cumple el cliente antes de tomar una decisión, algo que depende en gran medida de nuestra habilidad para utilizar la información que hemos obtenido.

PROCESO DE DECISIÓN

En época de vacas flacas, como en la gran depresión económica que vivió Estados Unidos, las empresas enfocaron su atención en conocer a profundidad, qué era lo que hacía que las personas compraran, es decir, querían saber que los motivaba a comprar.

Tras un largo análisis, los expertos en ventas de ese momento se dieron cuenta de que había una forma de pensar, un proceso específico de pensamiento que los seres humanos ejecutamos de manera automática, algunas veces rápido y otras veces más despacio, cuando queremos tomar una decisión de compra.

Se dieron cuenta entonces que este proceso constaba de cuatro pasos bien definidos, y eso resultó en un cambio radical en la forma en la que se comprende el campo de las ventas, en cómo se abordan a los clientes y en la manera en que se maneja la información necesaria para realizar una venta.

Se trata de un modelo bien estudiado, que aun hoy en día, resulta referencia indiscutible para todo vendedor que desee obtener resultados extraordinarios en su gestión de ventas y su manejo con los clientes.

MODELO AIDA

La palabra AIDA es el acrónimo que reduce los cuatro pasos de este modelo de ventas en el que lo principal es el correcto manejo de la cortesía, el respeto, el lenguaje corporal y facial y sobre todo de la información.

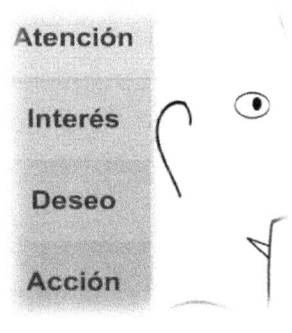

El modelo AIDA resume la manera en la que los seres humanos procesamos información para tomar decisiones de compra.

Este proceso se divide en cuatro fases o etapas, que a continuación vamos a desarrollar a mayor profundidad para su pleno entendimiento. Es un proceso mental complejo que permite desarrollar una emoción en el cliente, pasos que fueron simplificados por expertos y que nos resultarán muy útiles si aprendemos a trabajar adecuadamente con ellos.

ATENCIÓN

Lo primero que se necesita para incentivar la venta es captar la atención del prospecto. La atención no es más que despertar la curiosidad, hacer que las personas reaccionen a determinado estímulo. En los procesos de venta personalizados, cuando tenemos al cliente frente a frente, lo adecuado es captar su atención en base a respeto, cordialidad y empatía para generar confianza.

INTERÉS

Cuando captamos la atención de una persona, lo que verdaderamente se pretende es despertar su interés. Una persona que sabe escuchar y analizar la forma de comunicación de otra persona, puede aportar algo positivo; en nuestro caso, como vendedores, lo positivo que tenemos para aportar es nuestro producto o servicio; entonces, para despertar interés debemos dejar en claro que existe un producto o servicio adecuado para la necesidad del cliente.

DESEO

Este paso consiste en mostrar y convencer, explicar cómo funciona y enfatizar los beneficios que obtendrá el cliente al realizar la compra. Es la única manera de despertar su deseo de comprar y para esto podemos utilizar material audiovisual, testimonios, folletos, también podemos ofrecer descuentos o reducir la oferta.

ACCIÓN

Finalmente, todo se reduce a la acción de compra, que no es más que la adquisición del producto o servicio que estábamos ofreciendo. Para que se produzca esta acción, necesitamos haber cumplido los pasos anteriores correctamente. Necesitamos haber solventado todas las dudas y manejado correctamente las objeciones.

Recordatorio:
En la dirección www.jamanza.com/resultados encontrarás ayudas que te servirán para navegar los contenidos de este libro.

CAPÍTULO 13: PRESENTANDO

Presentar es una habilidad necesaria para todo vendedor. Es la base sobre la que se sustenta gran parte del éxito en la gestión de ventas.

En los negocios y en las ventas, saber hablar es fundamental, ya que eso nos permite presentar adecuadamente los productos o servicios que tenemos disponibles para nuestros clientes. Esto hay que hacerlo correctamente, recordando que los productos no se venden por lo que son, sino por los beneficios que aportan a los clientes.

En palabras de Theodore Levitt, «El consumidor nunca compra productos, solo compra beneficios».

Para hacernos expertos presentando, necesitamos desarrollar la habilidad de ser persuasivos y dominar a la perfección todos los conceptos y técnicas sobre los que venimos trabajando capítulo tras capítulo.

Esto va a depender en gran medida de tu capacidad de organización, ya que existe mucha información que debes manejar: información del cliente, información del producto o servicio, técnicas de venta, recomendaciones, entre otras cosas más. Cuando dominamos todos estos aspectos con seguridad y confianza, entonces desarrollamos un discurso creíble de cara a trabajar con cada uno de los prospectos que tenemos en agenda para abordar. Presentando adecuadamente, aseguramos una mayor tasa de efectividad en las ventas.

PRESENTANDO PERSUASIVAMENTE

Conozcamos una técnica para presentar persuasivamente cualquier clase de producto o servicio. Ya tenemos una noción de esta técnica porque la hemos leído en el capítulo anterior. Se trata del modelo AIDA.

Deben entender que este modelo no solo aplica para presentaciones verbales cara a cara, sino que también puede ser aplicado en cualquiera de las comunicaciones con los clientes, por cualquier medio utilizado, como email, llamadas telefónicas, videoconferencias o reuniones de negocios.

AIDA es un modelo de comunicación que sirve para que te asegures de utilizar y manejar adecuadamente la información que tienes de tu cliente.

Esta técnica es la mejor manera de hacer cumplir nuestro concepto de venta, el cual reza que vender es **«la habilidad de hacer que otros hagan, lo que yo quiero que hagan y que ambas partes nos beneficiemos de ello».**

Puede que no nos demos cuenta de ello, sin embargo, ser persuasivo y realizar adecuadamente una presentación de negocios, es una habilidad que puede aprenderse.

De hecho, si han venido prestando la suficiente atención a este libro, en este momento ya tienen muchas de las claves que todo vendedor requiere para presentar adecuadamente, como todo un profesional en ventas, y obtener resultados extraordinarios.

En resumen, si estás leyendo este capítulo y has llegado hasta aquí, entonces ya tienes una noción amplia de lo que significa ser un profesional en ventas, tienes claras tus motivaciones y conoces cada una de las competencias que como vendedor debes tener.

Además, te ha enseñado paso a paso el proceso de venta desde la planeación, pasando por la prospección de clientes, el cómo sintonizar con ellos para explorar sus necesidades y, finalmente, estas a un paso de conocer lo que necesitas: realizar presentaciones efectivas utilizando como base la información que tienes de tus clientes y del producto que vendes.

Se ha hecho todo esto, se ha cumplido todo este proceso, y se ha entregado todo este cúmulo de valiosa información organizada de forma estratégica, con el único objetivo de que todo vendedor aprenda y desarrolle a plenitud la habilidad de hacer que otros hagan lo que queremos que hagan y que tanto cliente como vendedor se beneficien de ello, establezcan una relación a largo plazo y que el vendedor sea capaz de aportar valor de manera compulsiva a la vida de todos y cada uno de sus clientes. Sencillamente, eso buscamos, eso es lo que se esconde en cada venta.

FUNDAMENTO DE UNA PRESENTACIÓN EFECTIVA

Ahora que conocemos el modelo AIDA, sabemos que el proceso de decisión de compra que realiza un cliente de manera inconsciente, se divide en cuatro etapas y que esas etapas podemos influenciarlas con nuestra presentación.

Es decir que, si te dedicas de forma consciente a utilizar adecuadamente la información de tu cliente y la utilizas durante el proceso de pensamiento lógico que se desarrolla en el cliente durante el proceso de decisión, eso causará que él haga lo que tú quieres que haga y se beneficie de ello, que ambos se beneficien de ello.

Dando una revisión rápida a lo que significa AIDA, lo podemos resumir en que tú necesitas captar la atención del cliente para generarle interés, despertar su deseo de compra y que finalmente pase a la acción de comprar. En eso se basa este método de venta, en mantener el enfoque sobre las cuatro etapas del pensamiento lógico del cliente, para influir positivamente sobre él.

Este proceso es sencillo y tiene cinco verbos que necesitamos tener siempre presentes: resumir, expresar, explicar, enfatizar y sugerir.
Es bueno que memorice esos cinco verbos y los vuelva parte de sí. Para ello, vamos a destinar las siguientes líneas a explorar lo que significan estos cinco verbos y las implicaciones que estos tienen dentro del proceso de venta.

Lo primero que debemos hacer es conseguir la atención del cliente, eso es lo primordial. Atención no es más que los cinco sentidos puestos en lo que es importante para el otro. Sintonizando con el cliente conseguimos su atención de forma rápida, porque nuestros sentidos están puestos en escuchar, observar y sentir todo aquello que es verdaderamente importante para el cliente, y él va a responder de la misma manera, poniendo su atención en las soluciones que le estaremos brindando a sus problemas.

Como decíamos anteriormente, la formula AIDA tiene cinco ingredientes que guardan relación con los cuatro pasos que componen el modelo.

RESUMIR

Necesitamos resumir la situación del cliente. Este primer paso nos sirve para obtener total atención de parte del cliente y nos ayuda a demostrar que estamos entendiendo la situación del mismo. En el resumen expresamos las condiciones, limitaciones, necesidades y oportunidades que existen, en base a la información concedida por el cliente con el que estamos tratando.

Se puede hacer afirmando la información, o realizando preguntas para verificar. También existe la opción de utilizar el método SPIN o el Paquete Verbal como una forma de resumir la situación del cliente. Esto solo lo podemos lograr si investigamos, observamos, preguntamos y exploramos adecuadamente, y se hace necesario tener bien claros los objetivos que deseamos alcanzar con la presentación. Es bueno saber que nadie puede dejar de prestar atención cuando se habla de él o de ella, así es que, si deseas mantener la atención de tu cliente, necesitas centrarte en él y en sus problemas.

EXPRESAR

Posteriormente requerimos expresar la idea. Para esto debemos primero haber despertado el interés del cliente. Debemos ser simples, concretos, claros y precisos, alejando los dolores y acercando a los placeres. En este momento estamos directamente vendiendo la idea de que nuestro producto tiene la capacidad de solucionar el problema que el cliente tiene entre manos. Es por este motivo que debemos ser claros en el planteamiento y directos en la manera en que lo comunicamos, cuidando cada detalle del mensaje para que no se pierda información valiosa.

EXPLICAR

La intención de este paso es hacer la transición del interés al deseo. Aquí debemos presentar nuestro producto o servicio y podemos contar cómo impacta cada producto en la oferta total en términos de beneficios para el cliente.

Aquí podemos hacer uso del método VAKOG, del que hablamos en el capítulo 10, referente a las formas de sintonizar con el cliente. Esta técnica nos permite mejorar la comunicación con el cliente, generando una mejor experiencia y un mayor entendimiento entre las partes.

Podemos explicar las fortalezas del producto y mostrar cualquier detalle de la manera más sencilla y entendible posible. Anticipando cualquier pregunta.

Cuando vendemos servicios, como en el caso de los coach, asesores o profesionales de servicios, se tienen que mencionar los procesos que están involucrados y las personas que intervienen.

Es muy importante hacer uso de ayudas visuales y testimonios, esto nos sirve para lograr que el cliente de alguna manera palpe la idea y su funcionamiento, para lograr despertar un deseo tangible.

Aquí es necesario hablar de todas y cada una de las características del servicio que se ofrece, incluyendo el precio.

Se puede explicar el proceso paso a paso o con énfasis en lo que el cliente propiamente desea, sus intenciones.

ENFATIZAR

Ya despertamos el deseo, ahora necesitamos exaltarlo. Para eso, enfatizamos los beneficios y ganancias que obtiene el cliente al adquirir el producto o servicio.

Para este fin se utilizan las palabras: ganancias, beneficios, propósitos, intenciones y soluciones, para hacerle entender al cliente lo importante de su adquisición.

Si hemos escuchado adecuadamente al cliente a lo largo del proceso, será muy sencillo encontrar cuáles son las ganancias que el cliente espera obtener con el producto, por lo tanto, hay que enfatizar estos beneficios.

SUGERIR

Para cerrar, realizamos sugerencias. Esto no representa ninguna complicación porque se trata de hablar sobre un tema del que se supone tenemos total dominio, que es nuestro producto o servicio.
La intención es llevar a la acción. Es el cierre, la conclusión del proceso.

Se sugiere al cliente los pasos que debe seguir y se le recomienda dar el primer paso inmediatamente.

A partir de este momento, comenzamos a manejar todas las posibles objeciones que vayan surgiendo y se comienza a negociar. Ten en cuenta que estos dos aspectos deben manejarse utilizando una metodología específica que aprenderás en los dos capítulos siguientes.

PRESENTACIÓN DE BENEFICIOS

La clave para mejorar nuestros resultados como vendedores, está en aprender la manera más adecuada de presentar los beneficios que tienen los productos y servicios que ofrecemos.

Para esto, se hace necesario personalizar la solución que le ofrecemos a cada cliente y, dicha personalización, depende en gran medida de la información que los mismos clientes nos proveen.

Ya con el método SPIN hemos aprendido a conocer a fondo a nuestros clientes, explorando hasta encontrar toda clase de información vital que ellos tienen para ofrecernos.

Ahora, con la técnica que daré a conocer a continuación, se aprenderá a presentar los beneficios de forma correcta, una presentación orientada a dar soluciones 100 % personalizadas.

ABRAHAM MASLOW Y EL MODELO SABONE

La clave para realizar ventas exitosas es, conocer o intuir, las necesidades y las motivaciones de compra del cliente a fin de poder satisfacerlo.

Esto puede ser un tanto difícil puesto que en el proceso de venta suelen influir algunos factores que se escapan de nuestro control como asuntos económicos, sociales, políticos, medioambientales, etc. En busca de uniformar criterios sobre la conducta de compra que presentan los clientes, se crearon dos modelos que se complementan. Primero, el psicólogo Abraham Maslow presenta una teoría acerca de la motivación humana que fue posteriormente conocida como la Pirámide de Maslow.

En ella se recogen las 5 necesidades básicas que tienen los seres humanos. Posteriormente se dio a conocer un modelo similar, que se enfoca en las necesidades de los clientes. El modelo se denomina SABONE, que es un acrónimo de las palabras Seguridad, Afecto, Bienestar, Orgullo, Novedad y Economía. El origen de este modelo es desconocido, no obstante, se nota la influencia directa de Maslow y su teoría.

MODELO SABONE

Este modelo que me presentó mi buen amigo Juan Camilo Bueno, se llama SABONE y recoge en gran medida lo que serían las motivaciones de compra de un cliente, teniendo en cuenta la Pirámide de Maslow. Estas motivaciones permiten desarrollar estrategias de venta y argumentos comerciales que buscan influir y encajar con estas motivaciones.

El modelo se basa en las seis palabras que forman el acrónimo SABONE:

SEGURIDAD

En este caso, lo que el cliente busca precisamente es que el producto o servicio que compra le de alguna garantía, le brinde seguridad. Por esta razón es importante apoyar nuestro argumento en elementos como certificados de garantía, la devolución del dinero en caso de no estar satisfecho o referencias de otros clientes y usuarios.

Todo esto aporta al cliente ese empujón adicional durante una venta. Por ejemplo, la garantía de devolución por insatisfacción es una de las estrategias de ventas más reconocidas.

AFECTO

Está demostrado que algunas personas compran por afecto, y lo hacen como vía de obtener reconocimiento externo hacia su persona, se trata de una compensación personal, una búsqueda de cariño en el exterior.

La estrategia que se debe seguir en estos casos es la de apoyarse en motivos sentimentales como la familia, los amigos, el entorno, la concienciación social, etc.

BIENESTAR

Aquí es cuando el cliente busca la comodidad, facilitar su vida de alguna manera. En esta ocasión, el argumento de ventas debe referirse a temas como facilidad de pago, entrega inmediata, seguimiento de envíos, etc.

ORGULLO

En esta motivación del ser humano la vanidad juega un papel fundamental. Más allá de que se nos reconozca, como en el caso del Afecto, lo que persigue el cliente es que se le envidie. El argumento, pues, debe enfocarse hacia la exclusividad, al prestigio, al estatus, etc.

NOVEDAD

Sin duda, una de las motivaciones de compra más fuertes, es la de la novedad. Siempre es conveniente estar a la vanguardia o ser el primero en algo. Esta una de las motivaciones de ventas que más usa el sector de la moda.

ECONOMÍA

Esta es otra de las motivaciones a tener en cuenta, sobre todo en los últimos tiempos. Aquí, el cliente estaría buscando la manera de ahorrar a través de descuentos, amortización y variadas facilidades de pago.

Estudiar la pirámide de Maslow nos permite entender mejor y de manera visual el objetivo del modelo SABONE.

A lo largo de los capítulos hemos hecho énfasis en que es extremadamente necesario conocer al cliente, entender sus necesidades, sus deseos, sus problemas y sus gustos.

Esas deben ser las normas por las que se han de regir las estrategias que desarrollemos para dirigirnos efectivamente a cada cliente y brindarles una solución personalizada a sus necesidades.

Recordatorio:
En la dirección www.jamanza.com/resultados encontrarás ayudas que te servirán para navegar los contenidos de este libro.

CAPÍTULO 14: NEGOCIANDO

En algunas ocasiones se hace difícil negociar con los clientes, principalmente cuando sientes que de alguna manera no están valorando tu trabajo ni tu esfuerzo.

Una buena negociación es la base para construir una relación en la que ambos, cliente y vendedor, obtengan beneficios.

Es por eso que existen técnicas específicas para negociar correctamente, y estas técnicas se deben adaptar a cada cliente con el que vayamos a tratar.

La negociación es parte fundamental del proceso de la venta, y se refiere a la argumentación. Justamente, se trata de ofrecer al cliente todos los argumentos que creamos adecuados y que permitan mostrar los beneficios del producto o servicio que se está intentando vender.

Esta argumentación incluye sugerencias que permitan persuadir al cliente a la acción de compra y a su vez manejar correctamente las posibles objeciones.

Cuando estamos negociando, estamos buscando que el cliente realice una acción específica, que es la acción de comprar, por eso necesitamos aplicar técnicas que nos ayuden a cumplir con ese objetivo.

En las siguientes líneas trabajaremos este tema a profundidad y conocerás varias técnicas de negociación que te serán verdaderamente útiles.

Lo primero que tienes que saber es que negociar es un proceso muy parecido a vender, y es un paso fundamental dentro del proceso de venta, aunque a pesar de estar íntimamente relacionados, son procesos independientes y con diferencias sustanciales.

Dentro de una venta buscamos persuadir, hacer que alguien haga algo, convencer al cliente para que piense y actúe de la manera en que nosotros queremos que este actúe, siempre en beneficio de ambas partes.

Ahora bien, con la negociación buscamos la resolución de conflictos entre las partes. Bajo la negociación siempre hay un conflicto de intereses, una lucha sutil por el dominio de la situación, por lo que, no saber manejar esto puede causar desequilibrios que perjudiquen el proceso de venta.

Negociar es entonces un proceso de resolución de conflictos entre dos o más partes, y en este proceso se crea una relación de fuerza, una fuerza que se va desplazando de un lado a otro a medida que transcurren las diferentes etapas del proceso de negociación.

No es nada conveniente que una de las partes se beneficie de un desequilibrio de fuerzas durante un proceso de negociación, ya que terminará imponiendo sus condiciones a la otra parte. Siempre es más adecuado controlar la situación para que este desequilibrio no se produzca, y finalmente, las partes puedan llegar a un acuerdo saludable y beneficioso para ambos, que es lo que como vendedores, esperamos.

Esto es importante porque cuando el desequilibrio de fuerzas y el conflicto de intereses hacen que una parte gane a toda costa en toda negociación, puede que se produzca una venta y que el vendedor gane un cliente, pero la relación comercial terminará por romperse tarde o temprano, como aprenderemos más adelante en el capítulo referente al manejo de las relaciones.

Del conocimiento y del dominio de las fases, va a depender en gran medida el éxito del proceso de negociación.

Se reconocen siete fases en el proceso de negociación, las cuales son:

1. LA PREPARACIÓN

En esta fase es necesario definir y tener claridad sobre lo que se pretende conseguir durante la negociación y cómo conseguirlo. Hay que establecer objetivos y conocer a profundidad el producto, las condiciones de venta y los márgenes de rentabilidad del mismo.

Esa es la única manera que tendremos para saber qué tipos de descuento podremos ofrecer y hasta qué punto podemos ceder en caso de ser necesario.

Un vendedor bien preparado desarrolla la capacidad de descubrir cuáles son los objetivos del cliente y sabe cómo actuar ante cada situación, ya que puede trazar una estrategia adecuada para negociar con el cliente de forma que ambos obtengan igual margen de beneficios durante la operación, lo cual es el fin último de las ventas.

2. LA DISCUSIÓN

Las personas negocian porque hasta cierto grado tienen, o creen tener, un conflicto de intereses que solventar. A esta etapa o fase de la negociación se le suele llamar conversación o intercambio, tratando de disminuir la agresividad que representa el vocablo discusión.

En realidad, la discusión no tiene por qué ser negativa ni problemática, sencillamente se están poniendo sobre la mesa los temas importantes entre vendedor y cliente. Se exploran los intereses de una manera muy parecida a la etapa de exploración del proceso de venta, aunque de manera más intensa.

Esta etapa suele ocupar gran parte del tiempo destinado a la negociación, principalmente cuando el conflicto de intereses que es necesario solventar es muy grande.

Dentro de esta discusión, comienza el proceso de manejar las objeciones y se deben realizar propuestas de valor que permitan equilibrar la relación de poder hasta llevarla al punto esperado, que es el de ganancia mutua.

En caso de que el vendedor tenga que hacer concesiones y ceder, debe ser cauteloso en la manera en cómo lo hace, ya que de la primera negociación se va a marcar un ritmo entre las partes y eso va a repetirse en las siguientes negociaciones, entonces, si un vendedor ha cedido muy fácilmente a cualquier concesión, seguramente el cliente intentará sacar provecho de esto en las posteriores negociaciones, rompiendo con el equilibro de intereses.

3. LAS SEÑALES

Durante una negociación, las posiciones que adopta cada parte van moviéndose, a veces acercándose y otras distanciándose.

Las señales se refieren a los medios que utilizan los negociadores para indicar su disposición a negociar sobre un tema en particular.

Se trata de un mensaje claro que debe ser interpretado por quien lo recibe. Todos los negociadores envían señales durante un proceso de negociación, incluso sin ser conscientes de ello o sin siquiera saber que lo están haciendo.

Estas señales son pequeños cambios en el lenguaje del negociador, señales que indican que tiene una postura inamovible frente a determinado tema. Igualmente, existen señales de que el negociador tiene la voluntad de negociar o de avanzar hacia una posición diferente.

Las señales nos permiten hacer concesiones, aunque no de una manera abierta, es decir, muestran flexibilidad de nuestra parte sin necesidad de hacernos mostrar debilidad. Por ejemplo, una señal de flexibilidad puede ser no utilizar la frase «nunca lo hacemos» y transformarla en «es algo que no hacemos habitualmente», de esta forma mostramos la intención de acercarnos a las necesidades del cliente, demostramos la voluntad de negociar, sin tener la necesidad de ceder abiertamente a algo que pueda ser un capricho del cliente.

4.   LAS PROPUESTAS

Las propuestas son justamente aquello sobre lo que se está negociando. En las propuestas se establecen los procedimientos que darán como resultado el logro de los objetivos de cada parte negociante.

Aquí se equilibran los intereses y se van subsanando los conflictos. Para elaborar una propuesta, es necesario haber comprendido completamente los intereses de la otra persona y esto solo se logra por medio de una comunicación eficaz.

Una buena propuesta es parte fundamental de una buena negociación. Cuando la propuesta procede del pleno entendimiento de los intereses del contrario, y son justas y equilibradas, entonces se considera que se ha realizado una buena negociación, ya que es satisfactoria para ambas partes.

Las propuestas son, por un lado, un pedido y por el otro, una oferta. Es decir, el interés de una de las partes es el pedido y el de la otra parte, sería la oferta. Por ejemplo, si compras mi producto (pedido), te ofreceré un descuento (oferta).

La capacidad de elaborar una propuesta que deje satisfecho al cliente sin menoscabar tus ganancias, es una habilidad que debe ser aprendida. Ser un buen negociador y elaborar propuestas adecuadas, son características fundamentales para todo buen vendedor que desee obtener resultados extraordinarios durante el proceso de ventas.

5.   EL INTERCAMBIO

Esta es una fase intensa, que se trata del momento en donde renunciamos a algo a cambio de obtener otra cosa.

Las concesiones que el vendedor realice, deben conectarse con las necesidades del cliente y atender a las posibles objeciones que este pueda tener para satisfacer los intereses del vendedor.

Es necesario proponer intercambios justos y siempre dar el valor real que su producto tiene; ofrecer concesiones o ceder demasiado implica menospreciar el producto o servicio que se está negociando.

Recuerda una interesante frase de Heinz Beck: «Con los productos muy baratos se suelen necesitar pocos argumentos para venderlos, pero muchos para atender las reclamaciones». Ten esta frase en mente siempre que tengas que realizar intercambios para que no menosprecies el valor real de tus productos.

Siempre, por cada cosa en la que cedas, debes solicitar algo a cambio. Es decir, cada concesión debe ser condicionada a recibir algo en retribución o compensación.

6.   EL CIERRE

Por lógica, la finalidad de cerrar es llegar a un acuerdo entre las partes. De la misma manera en que se cierran ventas, se debe dar por cerrado el proceso de negociación.

Muchos especialistas en el tema consideran que este es el momento de mayor tensión y estrés del proceso de negociación, ya que es el momento en que finalmente se concretan los acuerdos a los que se ha llegado después de un vaivén de propuestas y discusiones.

Esta parte del proceso puede suponer para algunas personas inseguridad, una sensación de que ha faltado algún tema por tratar o algún punto por debatir, por lo que quisieran seguir discutiendo para ver si logran sacar algo más de su contraparte.

El temor más grande es, en realidad, que no se hayan establecido correctamente los compromisos que las partes han asumido, y esto puede deberse a que alguna de las dos partes no estuvo prestando la suficiente atención durante las anteriores fases del proceso.

En ese momento se hacen comunes situaciones como hacer demandas de última hora o poner objeciones que de alguna manera puedan limitar el cumplimiento de los acuerdos que han sido discutidos y aceptados previamente. El cierre es el espacio para verificar si hemos cometido algún error y, de ser necesario, rectificarlo para evitar inconvenientes tanto para el vendedor como para el propio cliente.

7.   LA EMOCIONES

Pues bien, somos seres humanos y como rasgo característico podemos mencionar uno que nos define: tenemos emociones y sentimientos.

De hecho, todo nuestro desarrollo profesional depende en gran medida de nuestro desarrollo emocional. Un vendedor iracundo no va a tener éxito tratando con los clientes, no va a ser capaz de sintonizar adecuadamente con nadie. Podrá sintonizar, pero desde emociones negativas, desde el conflicto, lo cual no es nada aceptable dentro del proceso de ventas y negociación.

Estar conscientes de cada una de nuestras emociones, entenderlas y reflexionar sobre ellas, nos ayudará a convertirnos en un negociador extraordinario, pues las emociones definen nuestras acciones.

De hecho, la mayoría de las personas que trabajan como vendedores, no tienen idea de que lo que está en juego es más una dinámica emocional que un proceso económico.

Las ventas están ligadas a las emociones, eso ya lo hemos trabajado en varias ocasiones en este libro, pero debemos entender que no solo están implicadas las emociones de los clientes, sino que también las nuestras en igual medida.

Desestimar la importancia de las emociones en el proceso de venta es sencillamente abrir la brecha para el fracaso y la frustración, cosas que no tienen consonancia con la intención que tenemos, que es desarrollarnos personal y profesionalmente hasta alcanzar la excelencia y obtener resultados extraordinarios.

La ansiedad, por ejemplo, no es un rasgo que sea muy apreciado en un vendedor. Un vendedor ansioso puede indicar que no está llegando a sus metas y que su estabilidad económica se encuentra en peligro.

Por supuesto, manejar correctamente nuestras emociones no es algo que se pueda hacer automáticamente, es algo que requiere un entendimiento profundo y un conocimiento pleno de nosotros mismos, además, de mucho entrenamiento o de muchas horas de práctica y autoobservación.

De hecho, el desarrollo profesional siempre implica una transformación a nivel emocional. Ambos aspectos guardan una relación muy cercana que debemos entender.

BENEFICIOS VS CARACTERÍSTICAS

Aunque parece un tema simple, cuando se está negociando con un cliente dentro del proceso de venta, muchos vendedores parecen no entender la diferencia que existe entre los beneficios que ofrecen los productos o servicios y las características de los mismos.

Es de hecho, un problema que va mucho más allá del vendedor. En realidad, mucha de la publicidad de las empresas está centrada en mostrar las características del producto y algunas ventajas, en lugar de comunicarles a los clientes los beneficios que obtendrá por la compra.

Hablar solo de las características del producto no es la técnica de persuasión más efectiva, de hecho, puede que de tanto enfocarnos en vender características, nos olvidemos del elemento más importante dentro del proceso de venta: ¡el cliente!

Y es que lo que diferencia a un vendedor común, de un vendedor profesional, es que los primeros tienen esa costumbre o habito, un tanto incómodo, de ser buenísimos hablando de ellos y del producto. El producto obviamente lo conocen a la perfección, han sido capacitados para el producto, entonces les queda fácil hablar ¿de qué?... de todas las características que tiene el producto.

La cuestión es que, desde esta perspectiva, se olvidan de atender las necesidades de lo más importante dentro del proceso de ventas... ¡el cliente!

Cuando nos enfocamos en vender las características del producto, nos estamos olvidando de entender las necesidades del cliente y los beneficios que espera obtener, la utilidad real de lo que se le intenta vender.

Para entender mejor este tema, es necesario conocer a profundidad lo que significa un beneficio. Un beneficio es el uso positivo que un cliente hace de determinada característica del producto o servicio y que le ayudará a cubrir una necesidad o deseo específico.

En resumidas cuentas, un beneficio es entonces, la utilidad que le va a reportar el producto o servicio al cliente desde el punto de vista de él, no desde el punto de vista del vendedor. Si buscamos la satisfacción del cliente, debemos venderle los beneficios del producto, no las características.

La clave para descubrir los beneficios que tus productos tienen para tu cliente, está en escuchar al cliente. De hecho, este tema fue abordado ampliamente en el capítulo anterior, donde se explicó a profundidad cómo los modelos SABONE y AIDA nos permiten presentar los beneficios de un producto de manera más eficiente.

Las características son sencillamente aquello que describe el producto y su funcionamiento. Algunas veces, se ofrecen también algunas ventajas, que se refieren a todo lo que mi producto es capaz de hacer mejor que el de la competencia, por ejemplo, que es más grande, menos costoso, más sencillo de usar, etc.

El beneficio es la utilidad que el cliente obtiene de determinada característica de un producto, entonces, nuestros argumentos de negociación y de venta, tienen que ir dirigidos a despertar el deseo y las emociones del cliente en base a beneficios.

Por eso se hace tan necesaria la combinación del método SPIN para explorar las necesidades del cliente, el modelo SABONE para conocer sus motivaciones y el modelo AIDA para despertar su deseo e influir en su decisión de compra.

CAPÍTULO 15: MANEJANDO OBJECIONES

El manejo de objeciones es una etapa crucial dentro del proceso de venta. Es lo que procede luego de haber presentado el producto al cliente potencial y se encuentran discutiendo y negociando.

El manejo de objeciones se puede definir como la capacidad que tiene un vendedor para hacer frente a las refutaciones del cliente en cuanto al producto que le estamos ofreciendo.

Es una parte del proceso de venta que no se puede evadir porque no existe un producto perfecto al 100 %, por lo tanto, el cliente siempre va a encontrar alguna característica que le falte o que no le complazca totalmente.

Ahora, para entender mucho mejor este tema, se hace necesario conocer lo que significa una objeción, una excusa, y las razones por las que surgen. Luego de esto, es que podremos comenzar a trabajar sobre el proceso de manejo de objeciones.

¿QUÉ ES UNA OBJECIÓN?

Una objeción es una razón real, un motivo concreto y específico por el cual un cliente no está dispuesto a llevar a cabo la acción final de firmar un negocio, de dar un definitivo sí o de concretar una compra. A eso se le llama objeción.

Las objeciones no son más que todas aquellas barreras u obstáculos que el cliente interpone para evitar una negociación.

Las objeciones suelen aparecer en tres momentos del proceso de venta:

1.   DURANTE EL PRIMER CONTACTO

Con esta primera objeción, lo que el cliente pretende es evadir cualquier contacto. No desea ni siquiera iniciar una entrevista, es decir, verse implicado ni comprometido en escuchar la presentación y argumentación de un producto o un servicio que cree que no necesita, que no le será de ninguna utilidad o que no tiene ningún interés en adquirir.

2.   EN LA FASE DE PRESENTACIÓN

Durante esta fase, el cliente ofrece objeciones reales sobre el producto o servicio que se le está presentando. Esta clase de objeciones pueden ser muy beneficiosas porque demuestran que el cliente está interesado en nuestra oferta, aunque aún tiene dudas que necesita aclarar para dar el siguiente paso.

3.   EN EL CIERRE DE LA VENTA

Aquí observamos que el cliente duda al verse obligado a tomar una decisión. Quiere tener todo muy claro y eso lo hace colocar sobre la mesa ciertas objeciones que le permiten dilatar un poco la decisión, o bien, obtener mayor información sobre algún tema específico que necesita tener más claro.

Ahora bien, es importante aprender a diferenciar una objeción de una excusa y, peor aún, de una alucinación. Esta última, en PNL, se refiere a cuando un vendedor cree que el cliente le esta insinuando algo cuando aún no se lo ha dicho de forma explícita.

Esto ocurre cuando el vendedor no está preparado para diferenciar entre una objeción real y una excusa; cree que porque en algún momento el cliente lo miró de una forma, le preguntó algo de determinada manera, o dijo algo con algún gesto o lenguaje no verbal, esa ya es una objeción real, y ocurre que no siempre son objeciones, algunas veces son solo genuinas muestras de interés de parte del cliente.

OBJECIONES VS EXCUSAS

La excusa es sencillamente un pretexto que el cliente utiliza para eludir alguna obligación, mientras que la objeción es un hecho concreto.

Cuando un cliente dice cosas generales, sin ser realmente específico, se trata de una excusa. Es el deber del vendedor aprender a determinar las verdaderas objeciones y diferenciarlas con claridad de las excusas.

Por ejemplo, cuando un cliente da una objeción al inicio de una reunión de ventas o durante el primer contacto, realmente no se trata de una objeción sino de una excusa para librarse del vendedor, o incluso, una maniobra o estrategia de negociación que ha aprendido para amilanar al vendedor y hacerlo sentir pequeño y lograr cosas que en otro escenario no lograría.

Incluso esa excusa durante el primer contacto puede ser una clara señal de que el cliente desconoce el beneficio que puede obtener del producto o servicio que se vende.

¿RAZONES PARA QUE SURJAN LAS OBJECIONES?

La causa más común de que surjan objeciones, es que no hemos preparado correctamente las reuniones de ventas.

En la práctica, existen muchas razones por las que el cliente puede poner una objeción a la venta. Algunas de ellas pueden ser:

- Para librarse del vendedor
- Falta de dinero
- Falta de necesidad
- Necesidad no reconocida
- Desean más información
- Por hábito o costumbre
- Miedo a tomar una decisión equivocada
- Miedo a comprometerse
- Para asegurarse de las ventajas
- Necesidad de confiar en el vendedor y en la empresa
- Sentirse importante y respetado
- Sentir que toma su propia decisión
- Oponerse al vendedor

- Estrategia de negociación

Es necesario hacer énfasis en este último punto. Es bueno que los vendedores sepan que, así como hay cursos y adiestramientos para mejorar las habilidades de venta y textos como este, con estrategias y técnicas para vender mejor, así mismo hay cursos dedicados a formar compradores hábiles para obtener mayores beneficios.

El vendedor necesita aprender a tomar las objeciones como algo normal dentro del proceso de venta y entender que pueden representar una oportunidad para la venta.

Incluso, en algunas ocasiones, es necesario que sea el mismo vendedor quien facilite el proceso para que las objeciones aparezcan, ya que a veces el cliente no es capaz de expresarlas o no se atreve a hacerlo directamente de forma verbal. No se debe temer a las objeciones.

CLASIFICACIÓN DE LAS OBJECIONES

Realmente existen muchos criterios para clasificar las objeciones de un cliente. Nosotros vamos a utilizar tres clasificaciones.

1. VERDADERAS
Cuando un cliente pone una objeción verdadera, lo que está pidiendo es más información, necesita que le aclaren algún tema y eso demuestra interés.

Si nos hemos preparado correctamente para la presentación y la negociación, puede que podamos adelantarnos a las objeciones del cliente o al menos tener una respuesta preparada para ese momento.

En este caso, las objeciones se presentan como una oportunidad para concretar una venta, en lugar de ser un obstáculo para que se lleve a cabo.

2. FALSAS

Estas aparecen cuando el cliente no quiere ofrecer una respuesta o no tiene ningún interés en el producto o servicio.

Este tipo de objeciones, no son realmente eso, sino excusas. Ante este tipo de objeciones o excusas, lo mejor que podemos hacer es tratar de descubrir que hay detrás de ellas e intentar obtener mayor información de parte del cliente.

Lo más probable es que estas aparezcan durante el contacto inicial y también cuando el vendedor no ha sabido presentar adecuadamente su oferta de productos y servicios.

3. MAL INTENCIONADAS

Finalmente, tenemos las objeciones hechas con mala intención. Estas tienen por objetivo molestar al vendedor o tratar de conseguir condiciones especiales o algún trato preferencial.

Este tipo de objeciones suelen ser poco productivas, además, pueden provocar discusiones muy prolongadas y un tanto subidas de tono, generalmente con tendencia hacia la agresividad, especialmente si el vendedor no tiene dominio de sus emociones y carece de argumentos sólidos para manejar las objeciones.

Recuerda que puede ser parte de una táctica de negociación que tiene el cliente, y la única manera de derribar ese obstáculo, es obteniendo más información.

ACTITUD ANTE LAS OBJECIONES

Ciertamente, el vendedor va a darse cuenta en algún momento que es casi imposible establecer una comunicación adecuada con el cliente y responder correctamente a las objeciones, si como vendedor tiene poca claridad sobre el resultado que busca y las implicaciones de su actitud y respuesta ante las objeciones.

Ante las declaraciones de un cliente, el vendedor tiene que mantener un estado ecuánime, mental y emocionalmente, y seguir las siguientes indicaciones.

- Conservar la calma
- NUNCA discutir con el cliente, mostrar siempre respeto (me importan usted y sus necesidades)
- Escuchar atentamente cada objeción
- Repetir la objeción, verificar lo entendido (hasta que estén de acuerdo comprador y vendedor)
- Contestar en forma clara y contundente
- NUNCA detener la venta

En este punto es necesario hacer una aclaratoria muy importante. Una pregunta no es una objeción. Una pregunta es solo eso, una pregunta. Una pregunta es una duda, y el cliente tiene derecho a que sus dudas sean resueltas de manera satisfactoria. Algunas veces suele ocurrir que el cliente pregunte justo en el momento en el que se está cerrando la venta y el vendedor toma esto como una objeción cuando realmente no lo es.

Hay dos puntos adicionales que mencionar. Primero, en ocasiones es el mismo vendedor quien tiene la objeción y el que no permite que la venta se concrete. Esto puede suceder por inseguridad y por la creencia de que no se ha hecho correctamente el trabajo. Esta situación es una forma de sabotear su propio esfuerzo y menospreciar sus habilidades, por lo que nunca debe ocurrir.

Adicionalmente a esto, hay un punto importante con respecto al manejo de las objeciones y tiene que ver con el punto número uno de la lista anterior, sobre la actitud ante las objeciones. Debemos aprender a mantener la calma ante las objeciones, necesitamos aprender a manejar nuestro estado de ánimo.

Las objeciones no son algo para temer, son realmente la razón por la que existen los vendedores. Sin las objeciones, el proceso de venta no sería lo que hemos aprendido hasta ahora, sería mecánico y desprovisto del factor humano, porque los clientes no objetarían nada.

PROCESO DE MANEJO DE OBJECIONES

El tema del manejo de objeciones es extremadamente apasionante, aunque también puede ser un tabú para muchos vendedores, y esto ocurre por la sencilla razón de que no se encuentran preparados para lidiar adecuadamente con esa circunstancia durante el proceso de venta.

La buena noticia es que en este libro se ha destinado un capítulo entero a conocer a profundidad todas las aristas de esta fase, que es fundamental dentro del proceso de venta.

Todo el proceso de manejo de objeciones es importante y debe ser comprendido a la perfección. Para ser un vendedor de resultados extraordinarios, necesitamos desprendernos del miedo y de las limitaciones que tenemos en la mente, provenientes de las programaciones limitantes que hemos recibido a lo largo de la vida.

Hay que aprender a ver las objeciones de los clientes con naturalidad y entenderlas como una oportunidad de acercarnos más al cumplimiento de nuestros objetivos. Una respuesta adecuada y concreta a la objeción de un cliente, puede ser el detonante para que la venta se lleve a cabo inmediatamente.

El proceso de manejo de objeciones podemos dividirlo en tres fases continuas. La imagen siguiente te ayudará a visualizar de forma sencilla las tres fases, que posteriormente se van a explicar a profundidad para un mayor entendimiento.

Dominar las tres fases del manejo de objeciones, tal y como se presentan en este esquema, te va a ayudar a aumentar el poder de influir sobre tus clientes y acrecentará tu poder como asesor o como líder de una relación con el cliente.

Adicionalmente, te va a llevar a que nunca más vuelvas a sentir la desilusión de un no durante una negociación. En lugar de desilusionarte, entenderás que ese no, es una oportunidad, un obstáculo que superar y que puede ser el impulso necesario para llegar a la meta.

Antes de continuar, es bueno recordar una tercera vez que la mejor manera que tenemos para encontrar la forma correcta de manejar una objeción, es manteniendo la calma. Podemos tener preparación e instrucción en muchos métodos para manejar una objeción, sin embargo, si cometemos el error de perder la calma, la situación no va a trascurrir con la normalidad que debería.

¿El mejor consejo? Una técnica infalible para conservar la calma es la respiración. Respira profundo y mantén la tranquilidad, la alegría, da la bienvenida a las objeciones con la mejor actitud, y una vez que lo haga, comienza a trabajar sobre el método que ahora se va a desarrollar.

EXPLORAR PRIORIZANDO

Cuando un cliente nos dice que hay una o varias razones por las que se niega a concretar una negociación, la primera pregunta que debemos aprender a hacer es una parecida a estas: ¿cuáles son sus posibles razones para decirme que no?, ¿cuáles son las posibles razones que evitan que me diga que sí? o, en su defecto, ¿cuáles son sus motivos para evitar tomar una decisión positiva el día de hoy?

**explorar
priorizando**

Aquí abrimos una línea de comunicación directa para que el cliente nos diga con claridad sus posibles motivaciones y nos empiece a entregar información de manera inmediata, lo que nos permite continuar la exploración hasta llegar al punto en que tenemos una lista de todas las posibles objeciones del cliente y posteriormente comenzamos a trabajar con ellas por orden de prioridad.

Esto permite evitar cometer el error típico de los vendedores normales, que es argumentar inmediatamente cuando ocurre una objeción. Por lo general, los vendedores suelen preparar argumentos fabulosos para responder a las objeciones, pero resulta que una vez que lo hacen, el cliente inmediatamente suelta una segunda objeción y una tercera y una cuarta, hasta que los argumentos se acaban y se frustra el proceso de venta.

Lo primordial es entonces que, teniendo la lista de objeciones, nos dirijamos al cliente y hagamos que nos ofrezca un orden de prioridades o de importancia de cada objeción que presentó. Solo entonces es cuando realmente comenzamos a estar mejor facultados para argumentar de forma correcta.

En resumen, con «Explorar Priorizando» buscamos:

- Listar todas las posibles objeciones

- Priorizar las mismas para darle manejo a las más importantes primero
- A parte de (lo que está en la lista), ¿requiere algo más?
-

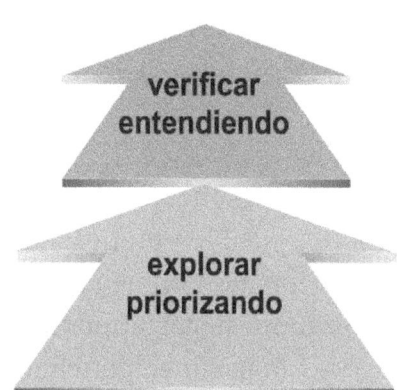

VERIFICAR ENTENDIENDO

Acá vamos a verificar que sí hemos podido entender perfectamente los requerimientos del cliente. Para eso, usamos el paquete verbal: qué, cómo, algo más específico. Si no recuerdas en que consiste y como utilizar el paquete verbal, te recomiendo que vayas al capítulo denominado «Explorando».

Luego de entender, verificamos. ¿Cómo verificamos? parafraseando. Parafrasear sencillamente es decir exactamente lo mismo que el cliente nos ha dicho, aunque con sinónimos, utilizando palabras distintas a las que él usó. Esto hace que cuando oye las frases, y estas no están completas, él siente que necesita aclarar algunos detalles, lo que nos va a ayudar a entender mejor. Verificado el tema procedemos con una fórmula de manejo que tú ya tienes bajo control: tus argumentos típicos de venta. Ahora podremos argumentar con solidez.

En resumen, con «Verificar entendiendo» lo que buscamos es:

- Nunca suponer, se debe entender
- Usar el Paquete Verbal para ahondar en la posible objeción y obtener TODA la información al respecto
- Parafrasear al final para verificar el entendimiento

MANEJAR PROPONIENDO

Llegado este paso, solo necesitamos manejar las objeciones importantes para el cliente e inmediatamente sabemos cuáles son porque él mismo nos lo dijo de forma explícita. Sabemos entonces cómo negociar poderosamente porque dominamos el tema y nunca hemos perdido nuestro poder de negociación malgastándolo a punta de argumentos fáciles de refutar. Negociamos poderosamente porque nunca hemos rebatido las objeciones del cliente, porque eso no existe en nuestro vocabulario.

Nosotros hemos aprendido a manejar las objeciones y a tener el control de la situación, y es algo que logramos porque ejecutamos un proceso para saber cuáles eran las objeciones más importantes para el cliente, ayudándole a encontrar soluciones mediante un manejo efectivo de nuestros argumentos de venta. Un último consejo sobre este tema: la forma más poderosa de manejar una objeción, es cuando se le pregunta al cliente algo como: ¿qué solución se le ocurre a usted para que esto deje de ser un obstáculo y tome una decisión el día de hoy? Aquí involucramos directamente al cliente en la solución de la objeción, trasladamos el proceso de refutar al mismo cliente y con sus mismos argumentos trabajamos en la propuesta de valor que nuestro producto o servicio tiene para ofrecer.

Y la magia sucede, porque por primera vez, alguien ayudó al cliente a pensar estructuradamente y a plantear una posible solución, y ese fuiste tú, un vendedor profesional.

En resumen, con «Manejar Proponiendo» esperamos:

- Determinar si la objeción es real o una excusa
- Preguntar si existe algo más que inquiete al cliente
- Determinar cuál era la objeción y se puede involucrar al cliente en el manejo de la misma
- Desplegar los argumentos de venta de forma adecuada para atender a la objeción de forma efectiva
- Ofrecer una propuesta de valor para el cliente

14 OBJECIONES COMUNES Y CÓMO MANEJARLAS

Existen ciertas objeciones básicas con las que siempre vamos a tropezarnos. Por lo general, se trata de motivos comunes a los que debemos acostumbrarnos y prepararnos para argumentar correctamente, siguiendo las indicaciones y las técnicas que se han aprendido a lo largo de este capítulo.

1. PRECIO

La objeción del cliente en este punto es que el producto es muy costoso o tiene mejores ofertas por un producto similar.

Tu argumentación debe girar en torno a los beneficios en lugar de discutir sobre el precio. Evitar en lo posible ofrecer descuentos, a menos que el descuento vaya acompañado de un beneficio para ti.

2. ORGULLO

Una vez que el cliente ha dicho que no, mantiene su posición por orgullo.

En este caso sencillamente escuchamos los argumentos con mucha atención y le reconocemos al cliente que tiene conocimiento sobre el tema.

Halague con cuidado y con sinceridad el conocimiento del cliente.

3. FIDELIDAD

El cliente no acepta otro proveedor, porque el que tiene suple adecuadamente sus necesidades.

La solución a esta objeción es argumentar a favor de la diversidad y las ventajas que esto representa.

Hágale entender al cliente el alto riesgo que supone contar con un solo proveedor, ofrecer beneficios adicionales como una mejor atención o mejor servicio.

4. CALIDAD

El cliente pone en duda la calidad del producto y esto no es cierto o se debe a un problema ocasional.

Utilizar como ejemplo hechos concretos más que palabras y argumentos de venta comunes.

Los hechos concretos convencen. Utilice testimonios de otros clientes.

5.   RECLAMOS

El cliente hace reclamos contundentes. Son hechos no deseables que ocurrieron, son reclamos reales y bien justificados.

Debes entonces escuchar atentamente y tomar nota de todo el incidente.

No argumentes inmediatamente. Otórgale la importancia que la situación amerita y posteriormente resuélvela de manera adecuada para el cliente.

6.   NO TIENE NECESIDAD

El cliente manifiesta no tener necesidad de ese producto y el argumento es real, no se trata de una excusa.

Pregunte por qué no tiene necesidad. Lo más probable es que no se hayan explorado las necesidades de manera correcta o no las tengamos plenamente identificadas, así que es necesario volver a ese paso del proceso de venta.

7.   MIEDO

El cliente tiene miedo real de tomar una decisión.

Puede ser un miedo consciente o inconsciente, por lo tanto, es necesario preguntar cuál es la razón de ese miedo para poder identificarlo y manejar la situación haciendo saber los beneficios que tiene el producto y cómo puede el producto satisfaces sus necesidades.

8. APLAZAMIENTO

El cliente casi siempre va a encontrar un motivo lo suficientemente verosímil para aplazar el cierre de la venta.

Acá el cliente generalmente consulta con otros antes de tomar una decisión. Lo mejor es atacar los posibles miedos con argumentos sobre los beneficios de tomar la decisión en ese junto momento.

9. SILENCIO

El cliente hace silencio. Es un momento difícil de manejar ya que cuando hay silencio no se saben las razones del mismo.

El vendedor debe intentar sacar al cliente de su silencio y para eso cuenta con preguntas abiertas y cerradas, debe insistir hasta sacar al cliente del silencio.

10. DUDA

El cliente duda del servicio o tiene reservas de tomar una decisión en ese momento.

La función del vendedor en este caso será concretar la duda y hacer las preguntas necesarias hasta determinar el porqué de esa duda.

Con esa información se podrá argumentar de forma correcta intentando satisfacer las necesidades del cliente y disipando las dudas que se han generado.

11. DESCONFIANZA

El cliente desconfía del producto o de la propuesta. No tiene dudas ni temores, sencillamente desconfía.

En respuesta se ofrecen testimonios válidos, se ofrecen garantías y se dan respuestas claras y contundentes para aumentar la confianza.

12. DEFECTO

El cliente advierte un defecto en el producto o en el servicio.

Reconózcalo si es real. No disimule ni intente ocultar el defecto. Argumente a favor con otras ventajas del producto o servicio.

13. FALTA INFORMACIÓN

No toma la decisión porque le falta información.

El vendedor debe averiguar qué información le hace falta y proporcionársela. Utilice nuevamente todas las ayudas que tenga a mano como folletos, testimonios y propuestas.

14. NO LE GUSTA

Sencillamente al cliente no le gusta el producto.

Investigue por qué no le gusta, pregunte cuáles son las razones reales sin esperar que el cliente se las diga.

Recordatorio:
En la dirección www.jamanza.com/resultados encontrarás ayudas que te servirán para navegar los contenidos de este libro.

CAPÍTULO 16: ACORDANDO

El cierre de ventas es una etapa del proceso de ventas en donde, luego de haber presentado un producto a un cliente potencial y haber hecho frente a todas sus objeciones de forma correcta, se intenta cerrar la venta, es decir, se intenta inducirlo o convencerlo de decidirse por la compra y finiquitar todo el proceso administrativo requerido.

Durante esta etapa del proceso de venta se dejan plasmados los acuerdos a los que se ha llegado por medio de las negociaciones, lo cual es fundamental para ambas partes involucradas.

El momento del acuerdo es el instante en el cual el prospecto pasa a convertirse en nuestro cliente. El cierre de la venta no es más que la obtención del resultado que estábamos esperando; es el momento por el que estábamos trabajando desde el instante en que comenzamos la etapa de prospección de potenciales clientes.

CIERRE DE VENTAS

Todo buen vendedor debe saber que una gran presentación persuasiva, una buena negociación o una excelente predisposición de parte del cliente, no son necesariamente una garantía de ventas.

Es por esta razón que son muchas las empresas que ponen énfasis en entrenar a sus vendedores en este proceso, ya que el cierre efectivo de las ventas supone un obstáculo para el desarrollo de muchos profesionales.

El cierre de ventas es donde el plan del vendedor y los objetivos de la compañía y del cliente confluyen. Más que un cierre, es el inicio de una relación comercial a largo plazo.

Se deben tener ciertos conocimientos para ser efectivos en el proceso de cierre de ventas, sin embargo, siempre se debe tener presente que no hay ninguna fórmula mágica que haga un cierre perfecto cuando algún paso anterior, dentro del proceso de venta, se ha ejecutado de forma incorrecta.

El vendedor con su esfuerzo previo se gana el derecho a cerrar una venta de forma contundente. Es el final de un proceso y debe ser tomado como tal.

El momento en que se cierra un negocio, es el momento en que hemos podido satisfacer las expectativas del cliente. Es el momento en que obtenemos el resultado de haber atravesado correctamente todo el camino del proceso de ventas que se inicia con la planificación de los objetivos.

¿POR QUÉ LA GENTE NO CIERRA?

Por mucho que la meta de todo vendedor sea llegar a acuerdos y cerrar ventas, hay algunas causas por las que los vendedores evitan llegar a este punto.

La mayoría de ellas tiene referencia directa con el miedo. La mayoría de los vendedores tienen mucho temor a que les digan que no, miedo al rechazo, miedo a las objeciones y miedo a pedir algo que pueda poner en riesgo la relación comercial con el cliente.

Lo interesante aquí es que, cuando se cumplen adecuadamente todos los pasos del proceso de venta, el cierre es algo que pierde todo el misterio que lo rodea. Se vuelve un paso más, solo un trámite administrativo y burocrático que no tiene la trascendencia que muchos vendedores se enfocan en proyectar.

El cierre es el resultado de un proceso que venimos construyendo, y si hemos dado pasos firmes con acciones sólidas, entonces el resultado será exactamente el que hemos estado esperando.

Las ventas se cerrarán adecuadamente, sin mayor estrés, de forma efectiva y sin dolores de cabeza ni para el cliente ni para el vendedor.

Si el cierre es un tormento y un dolor de cabeza, te conviene mucho revisar qué está ocurriendo en las etapas previas del proceso de venta, seguramente ahí encontrarás muchas respuestas y, partiendo de allí, podremos hacer correcciones de rumbo y mejorar.

¿CÓMO PERDER EL MIEDO AL CIERRE DE VENTAS?

Lo primero que debemos hacer es reconocer que el cierre no es una posibilidad dentro del proceso de venta y tampoco es una casualidad. El cierre responde a lo bien o mal que hayas realizado todos los pasos anteriores, por tanto, es algo que vas construyendo para que se pueda dar.

Segundo, debes evitar tomar una respuesta negativa, o un no, como un fracaso. Que un cliente no cierre una venta no significa que has fracasado como vendedor, solo indica que tienes la posibilidad de optimizar alguna parte de tu proceso de venta para lograr ser más eficiente, más persuasivo, para crecer.

Debes ser flexible. Si bien todo el proceso de ventas responde a un método y posee una estructura, eso no indica que debas tener una mente cuadrada que no acepta nada más allá de lo que está escrito y delineado. La flexibilidad es importante para todo vendedor.

Para perder el miedo al cierre de ventas debemos hacer uso de la venta conceptual. Es decir, hacer que nuestras ideas y nuestros argumentos de venta coincidan perfectamente con lo que el cliente desea y necesita. Para esto nos hemos estado preparando en los capítulos número 11 y 12, donde exploramos las necesidades del cliente y manejamos esa información para poder influir y persuadir con nuestros argumentos de venta durante la presentación y el manejo de objeciones.

Tener confianza en nosotros mismos y en el producto o servicio que representamos. La confianza es una señal fuerte para el inconsciente de nuestros clientes, es algo que se transmite y es algo que debemos aprender a cultivar. La confianza en nosotros mismos nos ayuda a argumentar de forma contundente y creíble sobre las ventajas y beneficios del producto o servicio en cuestión, y permite establecer buenas relaciones con los clientes.

Otra forma de perder el miedo al cierre de ventas, es siguiendo correctamente el proceso de la presentación que fue descrito en el capítulo número 13.

Finalmente, se hace énfasis en la importancia de cumplir con los pasos, los consejos y las sugerencias dadas en referencia al proceso de presentación, porque el 50 % de las ventas se cierran inmediatamente después de haber terminado la presentación. Muchas veces, sin siquiera necesitar manejar objeciones importantes, ya que la presentación fue un completo éxito y el cliente ha quedado plenamente satisfecho.

TIPOS DE CIERRE DE VENTAS

Durante el proceso de cierre de ventas nos vamos a encontrar con diferentes escenarios y cada uno de ellos tendremos que manejarlo de una manera distinta.

Practicando cada técnica, podemos convertirlas en un poderoso hábito que nos ayude a cerrar ventas de una manera más efectiva.

CIERRE DIRECTO
Una vez que se han seguido todos los pasos del proceso de venta y la presentación persuasiva ha culminado de manera satisfactoria, determinamos que el cliente continúa interesado y entonces procedemos a cerrar la venta.

Aquí tomamos el cierre de la venta como un hecho consumado, haciendo enunciados y suposiciones que conducen directamente al cierre. Esta puede ser una técnica agresiva, por lo tanto, requiere de cualidades como asertividad y empatía para que resulte efectiva.

Generalmente se puede hacer de una forma sutil, a través de sugerencias hechas al cliente. Por ejemplo, se le podría sugerir que comience a diligenciar determinado formulario, alguna documentación o acordar las condiciones de pago, cantidades del pedido, colores etc. Es una forma de cierre muy habitual cuando existe pocas o ninguna objeción por parte del cliente.

PEDIDO LISTO

Esta es quizás una de las técnicas de cierre de ventas más antigua de la que se tiene referencia. Es cuando damos por hecho la aceptación de la venta por parte del cliente y continuamos con el proceso con total normalidad. Se trata de un cierre firme, seguro y con una enorme tasa de efectividad.

Por lo general no se debe preguntar al cliente si está dispuesto a seguir adelante, sencillamente se toma un formulario de pedidos y se coloca sobre la mesa y se comienza a trabajar en él.

El proceso se suele complementar con preguntas reflejas, que son aquellas que no requieren de mucho análisis para ser respondidas.

Estos son elementos como nombre y apellido o dirección. A medida que el cliente responde las preguntas reflejas, damos por sentado que la venta ha sido cerrada y el cliente está conforme. Es igualmente una técnica de cierre un tanto agresiva, pero totalmente efectiva.

CIERRE DE ALTERNATIVA O ELECCIÓN

Esta forma de cierre consiste en dar a elegir al cliente entre dos opciones positivas a nuestros intereses. La esencia de este método es que cualquiera de las dos alternativas que elija, se traduce en ventas y tiene la ventaja de que puede ser utilizado con casi cualquier tipo de producto.

Este método se dio a conocer durante la gran depresión económica americana, cuando el dueño de una cafetería contrató a un experto en ventas para aumentar la venta de huevos cocidos. El resultado de la visita del experto fue que la cafetería comenzó a vender 29.000 cajas de huevo por semana con una técnica sencilla.

Cada vez que un cliente entraba al establecimiento, el camarero sacaba del mostrador dos huevos y preguntaba al cliente algo como:

—¿El señor qué va a tomar, dos huevos o uno?
Los que ni siquiera tenían en mente comprar uno, respondían de manera automática:

—Uno solo, por favor.
Una técnica curiosa y muy efectiva. Su único secreto es que siempre las dos alternativas nos van a favorecer.

CIERRE SUPUESTO
Muy similar al pedido listo y al cierre directo. Aquí suponemos que el cliente ya tomó una decisión a nuestro favor y con el formulario de

pedidos en la mano, lo invitamos a darnos sus datos y a finiquitar los últimos detalles.

CIERRE DE PRUEBA

Es una forma indirecta de pedir una oportunidad para nuestro producto, sin caer en la súplica. Permite que el cliente realice un pedido mínimo inicial como prueba, asegurando el compromiso de que en una siguiente visita se hará un pedido mayor. Si confías plenamente en los beneficios de tu producto (y deberías hacerlo), esta es una buena estrategia de cierre.

CIERRE CON HISTORIA DE ÉXITO

Este tipo de cierre se apoya en visitas pasadas o en compras realizadas por otros clientes para incentivar la compra del cliente actual.

Es decir, se utilizan testimonios y lo importante del asunto es que sean 100 % reales y vividos realmente por personas cercanas al vendedor.

Tiene referencia al tema del manejo de los dolores y los placeres y de cómo satisfacer las necesidades del cliente despertando su deseo, tal y como aprendimos con el modelo AIDA.

CIERRE ESTÍMULO RESPUESTA

Esta es una forma de guiar e influir para que el cliente de finalmente el sí y la venta cierre efectivamente.

Se hace por medio de preguntas que impliquen la aceptación del cierre de la venta. Usualmente es lo que hacen los vendedores de las operadoras telefónicas cuando nos preguntan, por ejemplo: ¿preferiría usted un plan con más beneficios de minutos?, ¿prefiere un mejor plan de navegación?

CIERRE RESUMEN

Resuma las ventajas y desventajas del producto, suponiendo que este es el punto final para que el cliente tome una decisión.

Por supuesto, el objetivo será siempre mostrar los beneficios que el cliente obtendrá por la compra y podemos hacer uso de los argumentos de venta que ya utilizamos en la presentación, o utilizar la información que hemos obtenido del cliente para acentuar los beneficios que tengan referencia con sus intereses particulares.

Esta es una buena técnica para enfocar la atención de los clientes que parecen dispersos durante el proceso de tomar la decisión final y cerrar la venta.

CIERRE DE PACTO ESPECIAL

Se utiliza para ofrecer condiciones especiales u ofertas únicas, para garantizar la compra inmediata.

Descuentos por volumen o cualquier beneficio que se pueda ofrecer es bienvenido en este punto.

CIERRE DE VENTA PERDIDA

Cuando el cliente finalmente ha dado un no rotundo a concretar una venta y el fracaso en el proceso parece inevitable, todavía queda una estrategia de emergencia que podemos aplicar.

Debemos ponernos de acuerdo con el cliente, disculparnos honestamente por no haber podido satisfacer sus necesidades y posteriormente solicitarle un favor a modo personal. Se le piden al

JAIME MANZANERA

cliente los motivos del fallo y con esto logras averiguar qué es lo que no le ha convencido al cliente de tu producto o servicio para inmediatamente ofrecerle una solución adecuada si la tienes a mano.

DESPIDIENDO CONTUNDENTEMENTE

El cliente ha cerrado la venta satisfactoriamente, todo el proceso se ha llevado a cabo a la perfección, hemos cumplido con todo lo que teníamos planificado. Ahora debemos dejar bien planteados los acuerdos y despedirnos del cliente.

Necesitamos dejar plasmados los acuerdos a los que hemos llegado con el cliente y documentar formalmente el pedido, las condiciones de compra, las condiciones de pago y demás asuntos de interés mutuo que tienen referencia al proceso de venta. No podemos dejar ningún aspecto al azar, ya que de no establecer los acuerdos correctamente, podemos causar inconvenientes posteriores y eso debemos evitarlo.
Cada marca y cada empresa tiene su método de trabajo específico para la recepción de pedidos, aunque en líneas generales, necesitamos hacer todo lo que se lista a continuación:

- Verificar todo lo que ha sido acordado
- Hablar de documentos, pagos y cobros, todo con fechas específicas y tomar nota
- Ratificar los beneficios obtenidos por la venta
- Tomar nota del pedido, cantidades, etc.
- Diligenciar formularios
- Recolectar cualquier documento necesario

Culminado este proceso, es importante dejar al cliente una copia del pedido y las condiciones que fueron pautadas.

La despedida consiste justamente en resumir todo lo que se ha conversado y todo lo que se ha acordado hasta el momento.

Lo más importante de este asunto es que como parte de este resumen, tú como vendedor que aprecias tu dinero y el dinero de tu compañía, debes encargarte de que los temas de pago queden completamente claros y bien definidos. Que sean comprendidos perfectamente por el cliente y esto no toma realmente mucho tiempo.

Resumir los acuerdos y enfatizar los compromisos que hemos adquirido durante el proceso de presentación y cierre de la venta, es fundamental para construir una relación comercial a largo plazo.

Recuerda que las relaciones se construyen en base a la confianza y necesitamos hacer que nuestros clientes confíen en nosotros, para esto, lo mejor es siempre exceder las expectativas del cliente.

Para despedir contundentemente, hacemos un resumen; hemos conversado lo suficiente de todos los temas de negocios, de pagos, de cobros, de cantidades, de muchas cosas y todo ha quedado perfectamente claro. Justo en ese momento podemos despedirnos y es el espacio de tiempo justo para entregar un obsequio al cliente si le hemos llevado alguno.

Con esto, logramos anclar un estado de agrado hacia nuestra persona y podemos finalmente expresar sinceras palabras de agradecimiento por la atención recibida.

Recordatorio:
En la dirección www.jamanza.com/resultados encontrarás ayudas que te servirán para navegar los contenidos de este libro.

CAPÍTULO 17: MANEJANDO LAS RELACIONES

Existen muchos asuntos que puedes delegar a tu equipo de trabajo, pero la relación con tus clientes no es uno de ellos.

En la actualidad nos enfrentamos con mercados donde los clientes tienen a su disposición una gran oferta de productos y servicios para elegir, y cada vez se hace más corta la brecha que divide a una marca de la otra.

En consecuencia, la capacidad de las marcas para obtener fidelidad de los clientes ha disminuido. Los vendedores podemos revertir este proceso construyendo una relación con el cliente, un vínculo profundo y duradero en base a la confianza, la credibilidad, la buena gestión y muchas otras cosas que son valiosas para ellos.

Ten en cuenta que el coste de captar nuevos clientes es muy elevado, no solo en términos económicos, sino también en términos de tiempo, y eso lo has podido verificar personalmente cuando te has dedicado semanas o quizás meses al proceso de prospección y a reunir información para clasificar a tus prospectos.

Es por esa razón que los vendedores de productos y servicios tienen que enfocarse a construir relaciones sólidas con sus clientes, fidelizarlos e incrementar su lealtad tras la venta y, de esa manera, cimentar una relación que perdure a largo plazo y que sea benéfica para ambos.

Esta es una forma de colaborar directamente con el cliente y cumplir nuestra función, que es agregar valor a su vida, más allá del cierre de una venta.

Las relaciones comerciales exitosas son uno de los factores diferenciadores que distinguen al vendedor común del vendedor extraordinario. La clave está en fidelizarlos, ese es el reto final, y para esto existen algunos consejos que puedes tomar.

UNA BUENA COMUNICACIÓN

La comunicación efectiva con los clientes es la base para establecer una relación comercial que perdure en el tiempo.

La comunicación debe ser clara, precisa y fluida. Ten en cuenta esto, porque siempre que te comuniques con tus clientes necitas ser directo, preciso y ante todo permanecer atento a sus necesidades, obteniendo nueva información para mejorar el servicio que le ofreces.

APRENDE SOBRE SUS NECESIDADES

Recuerda que se busca que ambos, cliente y vendedor, se beneficien con cada transacción comercial que se realiza, con cada venta. Ese es tu norte, más allá de las metas de venta, tu objetivo como vendedor es agregar valor a la vida de tus clientes.

Entonces, necesitas aprender sobre sus necesidades. Para crear relaciones cercanas debes asegurar que tus clientes, proveedores y asociados se vayan satisfechos y cumplan con sus expectativas.

Analiza bien cada una de tus estrategias comerciales y las estrategias de tu empresa, y cuida que siempre la relación sea de beneficio mutuo.

Este es uno de los consejos más sencillos y acertados para cultivar relaciones comerciales duraderas.

DEMUESTRA GRATITUD

La actitud y el trato posterior a la venta que les das a tus clientes, es fundamental para tener la puerta abierta a nuevas visitas como vendedor.

Siempre debes demostrar que te encuentras agradecido por la relación que se ha creado y los resultados que han obtenido en equipo. Transmitirle al cliente la satisfacción que sientes al haber trabajado con él en determinado proyecto es un ancla emocional hacia tu persona, una herramienta para establecer confianza a nivel personal que te permite mantener la puerta abierta a nuevos negocios.

COMPROMISO

Las relaciones comerciales son la base de tu crecimiento profesional, de ahí te nutres y creces, junto a la empresa que representas, por tanto, tienes que demostrar la pasión que sientes por tu trabajo.

Involúcrate en los logros que tiene el cliente, felicítalo cuando sea necesario, implícate en su negocio. Esto es importante porque te brinda una nueva perspectiva y mayor información para continuar alimentando el embudo de ventas.

Es importante que el cliente sienta que al trabajar contigo está trabajando en equipo, de esta manera más que una relación comercial, se pueden establecer grandes relaciones personales y crear grandes amistades.

PROFESIONALISMO

Más allá de la gratitud y todo lo antes mencionado, el cliente necesita sentir que está trabajando con un verdadero profesional, que entiende su oficio y que posee destrezas y fortalezas en las cuales puede confiar plenamente.

Debes mostrarte confiado en lo que haces, entusiasta y seguro de ti mismo en lo personal y en lo profesional.

Eso resume el proceso de manejo de relaciones comerciales en cuanto a las necesidades emocionales de los clientes, algo que estuvimos trabajando y comprendimos en el capítulo número 13 cuando conversamos sobre la pirámide de Maslow y su relación con el modelo SABONE.

Ahora bien, hay aspectos que se podrían definir como técnicos o administrativos, y estos también son importantes para el manejo de las relaciones.

CONECTA CON EL CLIENTE DE MANERA INMEDIATA

Esto es necesario desde un principio, cuando haces los primeros contactos con un prospecto. La clave es dar seguimiento a la conversación que recién ha terminado. Algunos expertos indican que es prudente y muy aconsejable enviar un correo electrónico inmediatamente después de finalizado el primer encuentro en que le recuerdas quién eres, lo que haces, la empresa a la cual representas y los objetivos que tienes planteados con ese cliente en particular.

REALIZA LAS LLAMADAS DE MANERA PERSONAL

Seguramente encargas las llamadas a tu asistente. Sin embargo, es importante que el cliente sepa que está tratando con el representante de la empresa y no con cualquier externo, de esta forma se crea un lazo de confianza para las relaciones a corto y mediano plazo.

DEVUELVE LAS LLAMADAS

Trata de devolver personalmente las llamadas en corto tiempo, esa es una manera de demostrar al cliente que es importante para ti y para la empresa que estás representando. Trata de colocar en agenda este tipo de actividades. Lo mismo con los correos electrónicos. Siempre es cortés responder a tiempo y adecuadamente a las comunicaciones de cada cliente.

ENVÍA NOTAS DE AGRADECIMIENTO

Una tarjeta en los cumpleaños, navidades o fechas especiales, es una forma de comunicarle que es importante para ti y para tu empresa. Lo mismo puedes hacer cuando el cliente haya conseguido algún logro importante.

PROGRAMA ENCUENTROS OCASIONALES

Esta es una de esas estrategias que se suelen olvidar o solo se utilizan cuando se está manejando un nuevo prospecto.

Recuerda que siempre debes alimentar las relaciones con tus clientes y hacerles seguimiento, así que un par de veces al año saca un poco de tiempo y programa un encuentro sencillamente para conversar a nivel personal.

Esta es una excelente manera de lograr la ansiada fidelidad de parte de tus clientes.

Es importante llegar a convertirnos en un consultor, en un colaborador para cada uno de nuestros clientes. Debemos llegar a ser una persona clave para nuestros consumidores, aportar valor a su vida por medio de algo más que nuestros productos.

Tenemos que ofrecerles todo nuestro conocimiento del sector y su evolución, las estrategias para dominar el mercado, todo lo que

sabemos del medio comercial en el que ambos nos desarrollamos, así como consejos acerca de los productos que comercializamos.

Esto nos permite incrementar el valor de nuestros productos o servicios, aunque a un nivel que va más allá del económico. En la medida que aumentemos el valor de éstos para nuestros clientes, así lo percibirán ellos, generando fidelidad.

Se trata de ofrecer un valor agregado, una ganancia adicional por simplemente tratar con nosotros, por confiar en nosotros, en nuestro criterio y en nuestra experiencia.

Recordatorio:
En la dirección www.jamanza.com/resultados encontrarás ayudas que te servirán para navegar los contenidos de este libro.

UNIDAD III. OBTENER

CAPÍTULO 18: REPORTANDO

Puede que la gran mayoría de los vendedores consideren monótono realizar reportes de su actividad de ventas, principalmente porque no se tienen en cuentan las verdaderas implicaciones e importancia que tiene este proceso para el mejoramiento profesional.

Este procedimiento pertenece al proceso posterior a la venta y es parte de lo que la empresa que representamos necesita para llevar control y seguimiento del equipo de ventas.

El objetivo de los reportes es analizar la gestión que hemos realizado y optimizar el proceso de venta por medio de una retroalimentación efectiva.

Haciendo un análisis de los beneficios que podemos obtener al reportar adecuadamente nuestra gestión de ventas, podemos enumerar algunas razones por las cuales deberíamos tomar muy en serio este trámite administrativo que suele ser menospreciado con frecuencia.

Repasemos entonces todo lo que podemos obtener a través de la realización de reportes de gestión e indaguemos en los beneficios que los mismos nos ofrecen.

AUMENTAN LA PRODUCTIVIDAD
Un reporte representa una herramienta de evaluación y control de gestión de las tareas llevadas a cabo por los vendedores.

Esto permite que los mismos vendedores sintamos la necesidad de alcanzar las metas y los objetivos que han sido trazados como, por ejemplo, la cantidad de visitas realizadas a clientes, la cantidad de prospectos nuevos que hemos agregado a nuestra base de datos en determinado periodo de tiempo, el promedio de ventas y de facturación de cada uno de nuestros clientes.

Un informe convierte nuestra gestión en algo medible, algo que podemos comparar mes tras mes y analizar durante el proceso de retroalimentación para determinar si la gestión de ventas se está realizando correctamente además de determinar los puntos débiles y áreas con fallos que pueden ser corregidos.

PROMUEVEN LA DISCIPLINA

Reportar implica una serie de actividades administrativas que debe llevar a cabo el vendedor en cierto día, a cierta hora y de determinada manera previamente establecidas, por lo que se entiende que para esta labor debe prepararse y organizarse y tener toda la información a mano para cumplir correctamente con la labor.

Esto hace que se cree una rutina, un hábito, lo cual es beneficioso porque promueve la disciplina.

FACILITAN LA GESTIÓN COMERCIAL

En base al punto que se ha expuesto anteriormente, un vendedor que se acostumbre a analizar los detalles de su gestión de ventas, se hará capaz de organizar su tiempo de forma efectiva y tener el tiempo suficiente para elaborar los reportes de su actividad, y por consiguiente, estará planificando su trabajo futuro, mejorando el manejo de su agenda y finalmente facilitándose a sí mismo la gestión comercial y su relación con los clientes.

AYUDAN A LOGRAR OBJETIVOS DE PRODUCTIVIDAD

La productividad de un vendedor viene dada por los objetivos que va cumpliendo día tras día en su labor y en todo lo que corresponde a sus funciones.

Como hemos visto, el proceso de venta responde a una serie de pasos, y cada uno de ellos se tiene que seguir adecuadamente para lograr el objetivo final que es el cierre de ventas.

Un vendedor organizado, disciplinado, capaz de seguir lineamientos y organizarse, es capaz de alcanzar los objetivos de una manera más sencilla. Los reportes permiten crear esa disciplina, facilitar la gestión y promover el logro de los objetivos.

PERMITEN EVALUAR LA EFECTIVIDAD

Se puede obtener una relación directa entre la cantidad de visitas realizadas a clientes y prospectos y los logros mensuales en cuanto a cierres de ventas.

Todo esto permite evaluar la efectividad del vendedor en base a términos objetivos, lo cual también es muy útil a nivel personal para el proceso de retroalimentación.

COLABORAN CON LA RETROALIMENTACIÓN

Uno de los objetivos de reportar y hacer seguimiento a los resultados de la gestión de ventas, es obtener información de retorno que nos permita autoevaluarnos y mejorar en aquellos aspectos en los que determinamos que se están presentando fallas.

Los reportes convierten la gestión de ventas en un parámetro medible, lo cual nos brinda información valiosa sobre productividad y efectividad, permitiendo detectar errores y atacarlos de manera inmediata.

SIRVEN COMO HERRAMIENTA DE APOYO

Reportar cumple objetivos cuantitativos y cualitativos. Entre los cualitativos podemos mencionar que pueden ser útiles para captar nuevos clientes o recuperar clientes perdidos, o saber en qué momento es necesario introducir un nuevo producto o servicio.

Entre los objetivos cuantitativos, nos permiten hacer estimaciones de ventas, coordinar el número de visitas y pedidos necesarios para cumplir con las metas, etc.

SON UN APOYO EN LAS REUNIONES DE TRABAJO

Los reportes y análisis realizados durante un determinado periodo de tiempo muestran datos de gestión, de efectividad y miden parámetros cualitativos y cuantitativos. Contienen antecedentes, historial de ventas a cada cliente y muchos otros puntos claves que son necesarios tener a mano a la hora de participar en las reuniones de trabajo y para continuar manejando las relaciones posteriores al cierre de la venta con los clientes.

Reportar es entonces una valiosa herramienta para el vendedor porque es una base de información que le permite tener registro de todo lo acontecido durante su gestión, apuntes sobre los acuerdos a los que ha llegado con los clientes sobre condiciones de pago, fechas, pedidos, etc.

El contenido de los reportes permite hacer intervenciones efectivas y análisis certeros durante nuestras reuniones de trabajo, sea con jefes, con la empresa o con los vendedores.

Los reportes ayudan a no sobrecargar nuestra memoria con información vital que puede perderse o confundirse en momentos de tensión.

¿QUÉ REPORTES SE DEBEN REALIZAR?

Los reportes son una manera de cuantificar nuestro propio rendimiento y analizar nuestra propia gestión cada vez que tengamos necesidad de hacerlo.

En ese sentido, se requieren tipos de informes específicos, según la conveniencia de la empresa y la propia. Entre ellos se destacan los siguientes:

- Se realizan los reportes que la organización le solicita al vendedor
- Reportes para que el vendedor se retroalimente, analice y tome decisiones de cómo lograr lo que él y la organización quieren
- Reportes para saber lo que está funcionando y lo que se puede mejorar
- Reportes de seguimiento durante el mes para ajustar el plan de acción de ser necesario

Recordatorio:
En la dirección www.jamanza.com/resultados encontrarás ayudas que te servirán para navegar los contenidos de este libro.

CAPÍTULO 19: RETROALIMENTANDO

La retroalimentación efectiva puede ser un factor fundamental para incrementar las ventas y mejorar nuestra efectividad. Con la retroalimentación, tanto el vendedor como su jefe, pueden entender todo lo bueno y malo que ha ocurrido en el proceso de ventas y buscar reforzar los aspectos positivos y corregir todo aquello que no dio buenos resultados.

Sin mencionar que esta puede convertirse en una forma de motivarnos al logro, ya que cuando todo ha transcurrido de manera correcta y según lo planeado, nos encantará darnos cuenta de que el logro se ha debido a nuestros propios esfuerzos y acciones, y eso lo logramos retroalimentando.

La retroalimentación, o el "feedback", es un fenómeno de comunicación que ocurre constantemente en nuestras vidas. Siempre que hay un intercambio de palabras entre dos personas, se da una retroalimentación, aunque es nuestro deber hacer de este un proceso más efectivo para nuestros intereses.

¿QUÉ ES RETROALIMENTACIÓN?

Desde un punto de vista estrictamente semántico, retroalimentación es un término compuesto.

El prefijo retro indica ir hacia atrás en el tiempo y alimentación se emplea en el sentido de abastecer o informar y no tiene ninguna relación con la nutrición del cuerpo en términos alimenticios.
La retroalimentación es un fenómeno de comunicación, y el término hace referencia a aquella información que viene de vuelta a nosotros

de forma efectiva, dentro de un proceso de comunicación en el que existen al menos dos protagonistas, es decir, es un proceso que se lleva a cabo entre un emisor y un receptor.

Hay dos clases de retroalimentación, la interna y la externa. La interna es aquella que se produce dentro de nosotros mismos, a través de las sensaciones que tenemos ante determinada situación.

La retroalimentación externa es la que viene del contexto que nos rodea. Ambas pueden ser tanto positivas como negativas.

OBJETIVO DE LA RETROALIMENTACIÓN EN CUANTO A LA DINÁMICA EMPRESARIAL

En nuestra relación con clientes, proveedores y la empresa que representamos, se considera a la retroalimentación como una herramienta para propiciar el cambio.

Es decir, su propósito es el de mejorar la conducta y los resultados de esa conducta, en relación al perfeccionamiento de una práctica, un producto o un servicio determinado.

En este sentido, es bueno no confundir retroalimentación con crítica ya que, en términos generales, la crítica no tiene ninguna función estratégica, sobre todo cuando es negativa.

La retroalimentación no es crítica, es análisis. Una crítica se enfoca en puntualizar el error, en resaltarlo, por su parte, la retroalimentación no se basa solamente en poner el dedo sobre el error, sino en analizar las circunstancias y todo el proceso que dieron como resultado ese error.

Y, de hecho, no solo se trata de errores, sino de visualizar y analizar todo aquello positivo que ha ocurrido dentro de determinada operación o situación.

La retroalimentación es entonces una herramienta muy útil dentro de toda organización que permite mejorar su funcionamiento y, en el caso de los vendedores, nos permite hacer profundos análisis introspectivos que nos lleven a detectar las fortalezas y debilidades de nuestra gestión.

Este concepto fue introducido por Nobert Wiener en el estudio de los sistemas de control y de comunicación, y ha sido un elemento muy efectivo desde entonces para el análisis de los fenómenos comunicacionales dentro del mundo empresarial.

La retroalimentación puede ser positiva y negativa. Por lo general suele confundirse muy fácilmente con la crítica, por la particularidad que tiene el ser humano para destacar lo malo en lugar de resaltar lo bueno.

La retroalimentación positiva consiste en reforzar todas las acciones que destacan por su efectividad. Recuerda que las ventas son acción, y cada acción del vendedor produce una reacción en el cliente y viceversa, como lo aprendimos en el capítulo número 5 cuando hablamos de lo que significaba vender y todo lo que vender implicaba. La retroalimentación le permite a la empresa, además, retribuir el desempeño de su cuerpo de ventas y reconocer sus esfuerzos.

De hecho, las empresas se han dado cuenta de que necesitan hacer algo más que solo pagar a sus empleados para mantenerlos satisfechos, también necesitan reconocer sus méritos de alguna manera, y con la retroalimentación, pueden ser capaces de analizar quién merece reconocimiento y por qué razón específicamente.

RETROALIMENTACIÓN DE ALTO DESEMPEÑO

Aunque suena sencillo, la práctica de entregar y recibir juicios y realizar análisis equilibrados es un arte.

La retroalimentación tiene un impacto importante en el desempeño individual de cada uno de nosotros, así como en el desempeño colectivo de la empresa que representamos.

La manera en que los individuos intercambiamos juicios y analizamos las circunstancias, tiene un efecto determinante en nuestras emociones y en nuestra disposición a la acción.

De hecho, una mala retroalimentación puede ser causa de mala calidad en nuestras relaciones interpersonales, disminución de la confianza en nosotros mismos y todas las consecuencias negativas que esas dos cosas pueden tener para la vida de una persona cuya profesión implica mantenerse en contacto directo y permanente con otras personas.

Finalmente, una retroalimentación negativa tiene la capacidad de comprometer nuestras habilidades de aprendizaje, de mejoramiento y de innovación. No es lo mismo analizar los puntos débiles y fuertes de una situación que criticar o criticarnos por los errores que hemos cometido, porque estaríamos centrando la atención en el error, más que en la solución y el mejoramiento del desempeño, que es lo que realmente deseamos con este proceso.

Teniendo todo esto en cuenta, es necesario mencionar algunos aspectos para que la retroalimentación resulte positiva para cualquier equipo de alto desempeño.

- Planear cuáles son los resultados que esperamos de una reunión de retroalimentación. Siempre la reunión y todo el proceso tiene que responder a un objetivo específico y debemos tenerlo en mente para poder cumplir con un cronograma dentro del tiempo que se ha establecido para la reunión, evitando divagar.

- Exaltar el logro de resultados y hacer ver qué parte de la metodología fue la que llevó al éxito. Lo que necesitamos es poner de manifiesto los buenos resultados obtenidos y cuáles fueron las acciones que desencadenaron ese buen resultado, de esa forma, podemos ser conscientes de ello y podemos repetir una y otra vez esa fórmula de éxito que hemos desarrollado.

- Exaltar las fortalezas. Este es el objetivo real de la retroalimentación positiva. Analizar todo aquello que hemos hecho bien, repasar los resultados de esa acción y fijarla como un hábito para que se sigan repitiendo los buenos resultados.

- Evitar el mayor error, que es NO QUERER COMETER ERRORES. Somos seres humanos y vamos a equivocarnos en algún momento, pero de cada error surge un aprendizaje y una oportunidad para rectificar el rumbo. No debes tener miedo a los errores que has cometido, solo analizarlos.

- Hablar sobre oportunidades más que sobre errores. De la misma forma en que nos debemos dedicar a exaltar las fortalezas, tenemos que hablar sobre las oportunidades que surgen con cada acción que dio resultados positivos o negativos. Si la acción dio resultados positivos, podemos perfeccionarla y seguir utilizándola dentro de nuestras estrategias y, si no dio buenos resultados, nos abre la posibilidad de corregir ese detalle y aplicar una nueva estrategia cuando comencemos a planificar nuestros próximos objetivos.

- Definir cómo estas oportunidades se pueden mejorar (indicadores, procesos, técnicas, habilidades). Para planificar de manera efectiva los siguientes pasos que se van a dar, es necesario definir cómo podemos perfeccionar esas oportunidades que acabamos de detectar por medio de análisis de procesos, desarrollo de nuevas habilidades o aplicación de nuevas técnicas que permitan resultados diferentes.

- Retroalimentar los resultados a través de los procesos, técnicas, estrategias, competencias y habilidades. Lo importante son las acciones, todo aquello que desencadenó la acción de compra del cliente. Nos enfocamos en los resultados y buscamos mejorar los procesos que estamos realizando y mejorar las estrategias que aplicamos. El objetivo de la retroalimentación es promover el desarrollo de nuevas habilidades.

- Ser específico. No es necesario extenderse demasiado para tocar los puntos fundamentales y cumplir con el objetivo de una reunión de retroalimentación. Si has planeado correctamente cuales son los objetivos que deseas alcanzar con la reunión, sigue ese esquema y no te salgas del plan.

- Verificar entendimiento. Las mismas preguntas abiertas y cerradas y las técnicas de exploración que utilizamos durante las ventas nos dan buenos resultados para determinar si los asistentes a la reunión tienen pleno entendimiento de toda la información que se está exponiendo.

- Dedicar el tiempo adecuado. Dentro de la planificación de los objetivos que quieres alcanzar con la reunión, establece un cronograma y un tiempo adecuado. No es necesario reuniones largas y extenuantes, y tampoco debe ser un proceso exprés. Hay muchos asuntos que analizar, nuevas estrategias que delinear y nuevos planes que trazar y todo debe surgir del análisis de las acciones exitosas o fallidas que se está haciendo con el proceso de retroalimentación.

- Para las empresas este es un proceso vital que permite perfeccionar el cuerpo de ventas y mejorar sus resultados, su rendimiento y su efectividad.

La retroalimentación es poderosa porque por medio del entendimiento pleno de los aciertos y equivocaciones, podemos desarrollar nuevas estrategias para el éxito.

RETROALIMENTAR ES INFORMAR

Harry Friedman, experto mundial en el tema de las ventas, asegura que «la retroalimentación es información objetiva y no simples comentarios».

Se trata entonces de entregar valiosa información que permita mejorar el desempeño individual y también colectivo.
Como vendedores, nuestra primera forma de retroalimentación se inicia cuando presentamos informes y reportes de gestión a la organización a la cual pertenecemos, aunque existe además un proceso de retroalimentación que es igual de importante, y es la que llevamos a cabo de manera personal, introspectiva.

Entendiendo y asumiendo que el proceso de venta se divide en tres etapas fundamentales, que serían el antes, el durante y el después, tenemos que considerar la retroalimentación como uno de esos pasos obligatorios que necesitamos realizar después de culminado el proceso de venta.

Cuando finalizamos una venta, cuando hemos cerrado la venta y acordado, hemos finalizado todo ese proceso; lo primero que deberíamos preguntarnos a nosotros mismos es: ¿qué es lo que hice bien?

Partiendo de allí, comenzamos a repasar cada uno de los resultados obtenidos y las acciones que desencadenaron esos resultados positivos.

Ahí mismo, en ese mismo dialogo interno, nos preguntamos ¿qué podríamos haber hecho mejor? Y nos respondemos a nosotros mismos cada inquietud. Estamos retroalimentando.

Son muchas preguntas muy específicas que podemos utilizar para indagar qué acción fue la que permitió que obtuviéramos los resultados positivos que estábamos esperando.

Esto nos va a permitir perfeccionar las habilidades que ya poseemos, poner énfasis en determinadas fases del proceso en las que tenemos mayor destreza o que se nos dan con mayor facilidad, y mejorar en las que todavía tenemos fallas.

La retroalimentación a nivel personal nos permite detectar fallas y mejorar nuestras habilidades. Nos señala directamente los puntos clave donde tenemos que centrar la atención. Incluso, nos permite utilizar el poder de la visualización y de la imaginación para planificar de mejor manera las siguientes reuniones de negocios, estimulando nuestra mente inconsciente para que trabaje a nuestro favor, ya que fortalece la confianza en nuestras propias destrezas.

La retroalimentación debe ser siempre objetiva. Por muy buenos vendedores que seamos, siempre hay aspectos que podremos mejorar y detalles que solucionar, por eso tenemos que ser objetivos, en lugar de críticos, ya que de la crítica solo surge la disminución de la autoestima.

EL PODER DE LA RETROALIMENTACIÓN

Como se puede apreciar, la retroalimentación es un recurso poderoso para mejorar a nivel personal y colectivamente.

La retroalimentación nos permite descubrir exactamente qué es lo que hemos hecho correctamente, es decir, nuestras fortalezas, y qué cosas debemos cambiar para alcanzar nuestras metas, es decir, nuestras debilidades, y lo hace desde un enfoque objetivo, no desde la acusación y el reclamo.

Para que este proceso se lleve a cabo de forma adecuada, necesita responder a tres parámetros.

1.   INMEDIATA

No hay que esperar semanas para realizar la retroalimentación. Se debe hacer cada vez que se culmina una reunión con el cliente, un acercamiento o cualquiera de los pasos del proceso de ventas. Durante todos los procesos hay cosas que hacemos bien y cosas que podemos hacer mejor para ser más efectivos.

Si estamos comprometidos con el hecho de convertirnos en vendedores extraordinarios, debemos adquirir el hábito de retroalimentarnos constantemente y de forma consciente, esa es una de las mejores herramientas de perfeccionamiento de nuestra gestión, de la que podemos hacer uso y no tiene ningún costo, es gratuita y se encuentra accesible en todo momento.

2.   ESPECÍFICA

Debes ser muy claro en lo que necesitas retroalimentar. No es solamente decirte a ti mismo: «Ok, con este cliente me fue muy bien, eso quiere decir que hice todo bien».

La retroalimentación va mucho más allá de eso, hablamos de desglosar todo el proceso y determinar punto por punto cuales fueron las acciones que te llevaron al éxito o al fracaso.

Partiendo de ese análisis se abre una puerta para comenzar a tomar mejores decisiones y desarrollar habilidades. Con la retroalimentación tienes entre manos la mejor herramienta de desarrollo personal y profesional de la que cualquiera puede disponer.

3.   DIRECTA

En nuestra cultura tenemos la particularidad de suavizar las cosas para no herir susceptibilidades. Bien, puede que eso sea una cualidad, de hecho, es correcto tener tacto en determinados asuntos ya que no es nuestro deber andar por la vida acusando a las demás personas, no obstante, cuando se trata de nosotros mismos y de nuestros propios procesos de desarrollo profesional, no podemos suavizar lo que observamos.

Sí, debemos ser objetivos, y también tenemos que saber que cuando algo está mal, sencillamente está mal y no debemos suavizarlo, ni matizarlo. Lo mismo cuando encontramos aquellas cosas que han resultado positivas.

Recordatorio:
En la dirección www.jamanza.com/resultados encontrarás ayudas que te servirán para navegar los contenidos de este libro.

CAPÍTULO 20: MANEJO DEL CONOCIMIENTO

Hay una frase que seguramente ya has escuchado en múltiples ocasiones: «El conocimiento es poder».

Es una frase que sencillamente significa que mientras más conocimiento tenga una persona sobre algo o alguien, mayor poder tendrá sobre ese algo o ese alguien. Implica que mientras más conocimiento se tiene sobre una determinada situación, mayores opciones tenemos para enfrentarnos a ella.

Es un dicho popular que proviene del estudio del conocimiento que hiciera Aristóteles, y cómo puedes darte cuenta, se ajusta perfectamente a los planteamientos que hemos venido desarrollando a lo largo de cada una de las líneas de este libro.

En los capítulos 7 y 8 te decía que el conocimiento de tu cliente y la información del mismo era fundamental para que las siguientes fases del proceso de venta se llevaran a cabo adecuadamente.

En los capítulos número 10, 11 y 12 continuábamos trabajando sobre el mismo eje; la información es fundamental, el conocimiento del cliente, explorar sus necesidades, entenderlas, sintonizar con ellas, saber hasta lo más mínimo posible del cliente y su problema para poder ofrecer una solución que lo beneficie, todo parte del mismo punto. El conocimiento es importante y poderoso.

Posteriormente, en los capítulos número 13, 14 y 15, permanecimos trabajando sobre el tema, aunque desde otro punto de vista. Necesitamos tener conocimiento de nuestro producto para poder realizar una presentación efectiva y persuasiva.

Luego, el suficiente conocimiento, la suficiente información para argumentar adecuadamente a cada una de las posibles objeciones del cliente y llegar finalmente a cerrar la venta y establecer acuerdos.

Entonces podemos ir entendiendo cómo es de importante el tema de manejar el conocimiento y hacer que trabaje a nuestro favor.

Un vendedor competente y profesional puede ser capaz de vender cualquier clase de producto o servicios siempre que aplique las técnicas de venta más adecuadas para cada situación y cada cliente, pero nunca podrá vender siquiera un pañuelo si no conoce a profundidad el producto que tiene entre manos.

Aquí añadimos una nueva categoría del manejo del conocimiento y vamos a explorar su importancia en relación con el proceso de venta.

CONOCIMIENTO DEL PRODUCTO

Lo primero que tenemos que hacer para comenzar un proceso de venta, es conocer el producto a la perfección, conocerlo a fondo.

Esto permite que el vendedor pueda hablar con el cliente en su mismo lenguaje, puedan conectar, sintonizar y entenderse perfectamente.

Por supuesto, esto hasta cierto punto, porque puede que el cliente solo tenga nociones superficiales del producto y, en ese caso, el vendedor tenga que utilizar el conocimiento del producto para vender los beneficios de una forma diferente. Si el vendedor no conoce el producto, dificultosamente podrá hacer modificaciones en su argumento que le permitan entenderse con el cliente.

Entonces se sobrentiende que manejar el conocimiento nos brinda la capacidad de convertir las características y atributos de un producto o servicio en beneficios, que es realmente lo que al cliente le interesa. Recuerda que lo que buscamos al vender es persuadir, es **«la habilidad de hacer que otros hagan, lo que yo quiero que hagan y nos beneficiemos de ello».**

Entonces, para vender, para persuadir, necesitamos conocimiento del producto y aprender a manejar ese conocimiento en busca de añadir valor a la vida de nuestros clientes.

Eso nos dirige a un tercer punto, y es que al cliente no le interesa realmente el producto. El cliente no compra el producto, el cliente compra el beneficio que el producto le puede proveer.

Para eso es que llevamos a cabo el proceso de exploración, para determinar cuál es el problema que el cliente necesita solventar, y con nuestro conocimiento del producto, convertir en beneficio sus cualidades. Todo esto es un proceso mental complejo que ocurre en instantes y que responde al mismo tema que hemos venido trabajando capítulo tras capítulo, y es que la información es fundamental para cada uno de las fases de proceso de venta.

Además, existe otro conocimiento que también necesitamos manejar, y es conocer el producto de la competencia. Si deseas ser un vendedor profesional, competente y que obtenga resultados extraordinarios, entonces estás en la obligación de conocer los productos de la competencia tanto como los tuyos, esta es la única manera de establecer las diferencias y saber qué ventajas ofrece nuestro producto frente a aquel.

CONOCIMIENTO DE NUESTRAS FORTALEZAS Y DEBILIDADES

Si bien las ventas son una habilidad que puede ser aprendida y perfeccionada, cada ser humano posee destrezas naturales que le hacen destacar.

No todos poseemos las mismas destrezas, ni todos vemos el mundo de la misma manera. Todos tenemos cualidades específicas y habilidades que vienen con nosotros desde el desarrollo de nuestra personalidad.

Esas son nuestras fortalezas. Y así como tenemos fortalezas, tenemos debilidades.

Siempre hay algo que no se nos da con facilidad, eso no quiere decir que no seamos capaces de aprenderlo, sencillamente se nos dificulta un poco más que al resto de las personas.

Conocer nuestras fortalezas y debilidades permite que cuando estemos en el proceso de planificación, podamos trazar estrategias para hacer las cosas correctamente. El «cómo» de la planificación es tan importante como la motivación o los «por qué».

Resulta complejo conocer cuáles son nuestras fortalezas y debilidades, por la sencilla razón de que estamos muy acostumbrados a ser poco objetivos cuando nos analizamos a nosotros mismos y definir cuáles son aquellos aspectos en los que necesitamos mejorar. De ahí que el proceso de retroalimentación sea tan importante para que el proceso de venta pueda desarrollarse favorablemente. La retroalimentación nos permite detectar con mayor facilidad esas fortalezas y exaltarlas, además, tomar las debilidades y corregirlas o sustituirlas por nuevas y mejores habilidades.

JAIME MANZANERA

No siempre somos totalmente buenos o totalmente malos en la actividad que estamos realizando. Por eso es importante identificar nuestras fortalezas y debilidades para poder utilizar esa información, ese conocimiento, como una herramienta de crecimiento personal y profesional.

La importancia de tener pleno conocimiento de nuestras fortalezas y debilidades puede mejorar nuestro día a día, no solo a nivel profesional.

- Hará que demos lo mejor de nosotros mismos a nivel profesional, familiar y en nuestras relaciones sociales en general.
- Los obstáculos que se nos presenten serán superados más fácilmente aumentando nuestra seguridad y confianza y mejorando la forma en que afrontamos las dificultades.
- Tendremos mayor control a la hora de identificar cuando necesitamos ayuda, lo cual contribuye a que podamos aprender a delegar determinadas actividades a personas que sí tengan un desempeño óptimo en la tarea que a nosotros se nos dificulta, o pidiendo asesoría acerca de la materia en cuestión. Recuerda que podemos modelar todo aquello que consideramos extraordinario en las demás personas.
- Estaremos en armonía con nosotros mismos ya que aprenderemos a conocernos y entendernos a mayor profundidad.

CONOCIMIENTO DEL ERROR

La retroalimentación implica un profundo conocimiento de nuestros propios resultados, de nuestros aciertos y de nuestros errores.

Más allá de nuestras habilidades, fortalezas y debilidades, debemos reconocer la importancia de la retroalimentación como forma de acercarnos al conocimiento del error.

El error es todo aquello que debemos mejorar para lograr optimizar todos los aspectos de nuestra gestión.

Tener conocimiento del error nos permite dejar de ser vendedores comunes, vendedores que se mantienen dentro de su zona de confort, tranquilos con los resultados mediocres que obtienen y nos convierte en vendedores capaces de replantear sus estrategias cuantas veces sea necesario hasta alcanzar el éxito.

La retroalimentación es una herramienta de autoconocimiento que nos permite identificar el error y actuar en consecuencia para solventarlo.

El error no debe obsesionarnos. Cada error cometido es simplemente un espacio que nos permite perfeccionarnos. Muchas personas tienden a dejar que su mente permanezca en el error, en el problema, desviando la atención de lo que es realmente importante: la solución al problema.

Todos y cada uno de nosotros estamos propensos a cometer errores, y de ninguna manera debemos castigarnos por ellos. El sentimiento de culpa suele aparecer en personas que no solo determinan cuál ha sido su error, sino que además se quedan anclados en ello, cosa que no permite avanzar.

Muchos psicólogos afirman que la culpa y el castigo a nosotros mismos por nuestros errores esta sutilmente ligado al nivel de autoestima que poseemos.

Los errores son una oportunidad de aprendizaje y de crecimiento personal y profesional. Entonces, si has determinado que cometiste un error en alguna fase del proceso de ventas, intenta contener el daño y solucionarlo al momento, y en lugar de anclarte en el error, comienza a trazar una estrategia que te permita no volver a cometerlo en el futuro. Esto mejora nuestra autoestima y nuestro desempeño, cosas que están íntimamente ligadas en la vida de un vendedor.

TIPOS DE CONOCIMIENTO

Para el manejo del conocimiento, es necesario hacer una última aclaración. Hay diferentes tipos de conocimiento y cada uno de ellos nos permite resolver diferentes tipos de problemas y responder a diferentes clases de situaciones.

CONOCIMIENTO INTUITIVO
Este es el conocimiento que más utilizamos en la vida diaria. Nos permite entender las situaciones tratando de relacionarlas con un hecho similar vivido anteriormente. Lo utilizamos para saber determinar el estado de ánimo de las personas o cuestiones rutinarias como saber si es de día, de noche o si es invierno o verano.

CONOCIMIENTO RELIGIOSO
Es aquel que nos permite sentir respeto y fe por algo que no conocemos y que no podemos comprobar. Gracias a este conocimiento es que tenemos la capacidad de desarrollar confianza para actuar y relacionarnos con las demás personas. Es el fundamento

de las religiones y de los conceptos místicos no comprobables a nivel científico.

CONOCIMIENTO EMPÍRICO

Se refiere a todo el saber que se adquiere por medio de la experiencia de vida, la percepción y la investigación hecha por nuestra propia cuenta. Es un conocimiento que deja a un lado los conceptos abstractos y se centra en lo que existe y en lo que sucede a nuestro alrededor.

Es el que utilizamos para aprender a leer, a escribir, aprender nuevos idiomas, reconocer colores, caminar o andar en bicicleta.

CONOCIMIENTO FILOSÓFICO

Se refiere a las grandes inquietudes, al conocimiento que se fundamenta en quiénes somos, hacia dónde vamos, el origen de la vida, del mundo, del universo, los intereses más allá de la vida cotidiana. Se trata de una forma de razonamiento puro que no tiene necesidad de pasar por una metodología o ser sujeto de investigación. Es el fundamento del pensamiento abstracto y el conocimiento que se utiliza para el entendimiento de los conceptos universales.

CONOCIMIENTO CIENTÍFICO

Es el conocimiento que se apoya en la comprobación y la verificación. Es el que permite llegar a deducciones lógicas y objetivas, apoyándose en el análisis y la investigación para buscar explicaciones factibles sobre teorías y fenómenos.

La combinación de esos conocimientos y el uso que le damos nos ayuda a desarrollar una visión del mundo en el que nos desenvolvemos y tiene gran influencia en la forma en que solucionamos conflictos, nos relacionamos con las demás personas, aprendemos nuevas habilidades y muchas más cosas que son importantes para el desarrollo profesional de un vendedor extraordinario.

Recordatorio:
En la dirección www.jamanza.com/resultados encontrarás ayudas que te servirán para navegar los contenidos de este libro.

CAPÍTULO 21: PLANEANDO (PARA QUÉ, QUÉ Y CÓMO)

En este punto ya ha culminado el proceso de venta. Cumplimos todos los pasos: planificamos los objetivos, prospectamos, presentamos, negociamos y cerramos ventas... ¿Y ahora qué debemos hacer? Sencillamente, reanudamos el ciclo, trazamos nuevas metas y seguimos adelante.

El proceso de ventas es un ciclo que nunca se debe detener, tal como se discutió en el tema de la prospección de clientes y decíamos que se trataba de alimentar el embudo de oportunidades; esto mismo ocurre en general con el proceso de ventas.

Imagina por un momento que has terminado de contactar a toda tu lista de prospectos y has vendido productos a la gran mayoría de ellos. Cumpliste con los objetivos que te has trazado a corto y mediano plazo, y a largo plazo ¿qué pasará?, ¿qué será de tus ventas más adelante?

La razón por la que el proceso de prospección de clientes es continuo, es la misma razón por la cual la planificación es un tema recurrente dentro del proceso de ventas.

Siempre necesitaremos trazar nuevas metas, desarrollar nuevas herramientas y plantearnos nuevos objetivos en todo nivel.

Siempre necesitaremos de un plan que nos mantenga enfocados en lo que queremos hacer, para qué lo queremos y cómo vamos a hacerlo.

El proceso de planificación suele ser objeto de fuertes críticas de parte de muchos vendedores que no alcanzan a entender su importancia y todo lo que implica para el desarrollo de una gestión de ventas que ofrezca resultados extraordinarios.

IMPORTANCIA DE LA PLANIFICACIÓN

La planificación nos va a permitir trazar un rumbo que nos permita lograr los objetivos, tanto a nivel personal, como profesional y dentro de la organización a la cual pertenecemos. El proceso de planificación lo iniciamos con motivo de anticipar los resultados que deseamos alcanzar y determinar todas las medidas que necesitamos tomar para llegar al destino que nos hemos propuesto.

La planificación es importante para todas las organizaciones y para las personas ya que permite un uso eficiente de los recursos, que por lo general son limitados.

El proceso de planeación proporciona toda la información necesaria para tomar decisiones eficaces sobre la manera en que vamos a utilizar los recursos de los cuales disponemos para alcanzar los objetivos.

¿QUÉ ES LO QUE DEBEMOS PLANIFICAR?

Se planifican todos aquellos aspectos que de alguna manera se encuentren involucrados en el proceso de venta. Eso implica el establecimiento de metas que sirvan para desafiarnos a nosotros mismos como vendedores y a nivel personal.

Nunca debemos llegar a sentirnos demasiado satisfechos con la forma en que estamos actuando, porque siempre hay espacio para mejorar, como ya aprendimos en el capítulo anterior.

Es por eso que el primer paso para una planificación efectiva comienza estableciendo objetivos claros. En este punto, la fijación de metas y objetivos la debemos comenzar haciendo un profundo análisis a la gestión del ciclo anterior que recién terminamos. Si anteriormente habíamos planificado la gestión y proyectado determinados resultados para el plazo de 6 meses o un año y ese tiempo ha transcurrido, entonces comenzamos por analizar la efectividad de esa gestión que recién termina y partiendo de allí, retroalimentamos, y hacemos las nuevas proyecciones y planes para el nuevo ciclo que vamos a iniciar. Esto es lo bueno de los planes bien estructurados, que son cuantificables y nos permiten medir resultados.

La planificación es sencillamente una parte básica y repetitiva dentro del proceso de venta. Da lo mismo si somos vendedores o somos una gran empresa, siempre el proceso será muy similar: necesitamos fijar objetivos, planificar en base a esos objetivos, retroalimentar para mantener control del proceso y reiniciar el bucle una vez más.

¿CÓMO LOGRAR LOS OBJETIVOS?

Una vez que se han hecho las previsiones y fijado los objetivos, tendremos que considerar la forma en que van a conseguirse.

1. ¿QUÉ SE VA A VENDER?

Conocimiento pleno del producto o del servicio que vamos a comercializar. Saber qué momento es el más idóneo para introducir un nuevo producto y servicio. Todo esto tiene influencia directa en los pasos siguientes.

2. ¿A QUIÉN?

Determinar el target al que nos dirigimos, el mercado, los clientes potenciales. Comenzamos a reunir toda la información necesaria de ellos por medio del proceso de prospección y de esa forma tendremos certeza de a quién le vamos a vender y cuáles son los hábitos y comportamientos del cliente potencial al que vamos a dirigirnos.

3. ¿A QUÉ PRECIO?

De aquí podemos trazar nuestros objetivos personales en base a nuestras ganancias estimadas, dependiendo del margen de beneficios de los productos o servicios que comercializaremos. Esto ya lo practicamos en el capítulo número 7 de este texto. El precio, el margen de ganancias, los descuentos que podemos ofrecer y todos los detalles económicos son necesarios para este paso.

4. ¿CON QUÉ MÉTODOS?

¿Cómo actuaremos con los clientes? Es suficiente una llamada telefónica, cuántas visitas a cada cliente son adecuadas para cerrar ventas, qué estrategias vamos a seguir y qué recursos vamos a utilizar para conseguir ventas. Todo esto depende directamente del tipo de producto o servicio que estemos comercializando.

5. ¿A QUÉ NIVEL DE COSTO-EFICACIA VAMOS A OPERAR?

¿Invertiremos solo tiempo, o también hay gastos de movilización importantes? ¿Nuestros prospectos están todos en nuestra misma ciudad, o en el otro extremo del país? ¿Qué cantidad de recursos necesitamos invertir para que la actividad sea rentable y logremos los objetivos que estamos planteándonos?

Hay muchas preguntas que hacerse para conocer el costo que tendrá nuestra labor de ventas.

PLANIFICACIÓN DE ALTO DESEMPEÑO

La información que contiene este texto está destinada a ser un recurso que permita cambiar la vida de las personas en diferentes aspectos. Ese es el compromiso que he asumido desde el primer momento, ayudarlos paso a paso a formar un concepto mental que les permita cambiar su vida.

A lo largo de este libro hemos conversado sobre técnicas de programación neurolingüística (PNL) aplicadas a las ventas y, finalmente, vamos a desarrollar un último concepto, un concepto radical y capaz de producir cambios determinantes en sus vidas.

Este método se llama «La cadena de la excelencia» en PNL, aunque nosotros le llamamos «Alto desempeño».

Deportistas de alto nivel y gerentes de las más prestigiosas compañías tienen esta técnica dentro de su caja de herramientas para conseguir el éxito.

Este proceso se resume en que el ser humano, cuando está bien consigo mismo, es capaz de crear hábitos que funcionan como eslabones de una cadena, que interconectados unos con otros, terminan finalmente por conducirnos al éxito.

En sí, la cadena de la excelencia lo que nos dice es que partiendo de un patrón respiratorio adecuado, podemos acceder a una fisiología acorde con nuestros objetivos, lo cual dispara en nosotros un estado desde donde podemos actuar para desempeñarnos de tal manera que consigamos los resultados que queremos alcanzar.

Resulta que los seres humanos tenemos una forma de respirar y una fisiología, es decir, una forma de manejar nuestro cuerpo, lo cual, en conjunto, crea un estado determinado que facilita alcanzar los resultados extraordinarios que deseamos.

Cuando nuestro desempeño es el no deseado o el resultado que obtenemos no es el adecuado, es porque estamos respirando y usando nuestra fisiología de una forma que nos coloca en un estado no adecuado para conseguir nuestros objetivos.

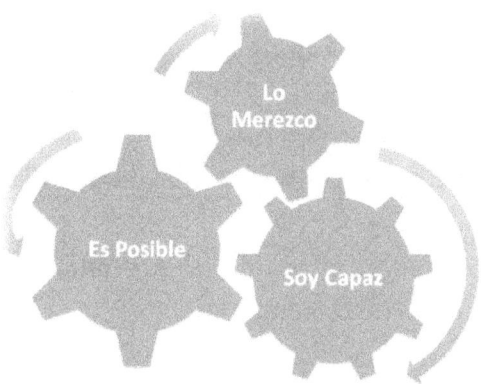

Para obtener los resultados adecuados debes asumir una fisiología acorde con lo que quieres lograr, tal como lo hacen los actores de teatro, los deportistas de alto nivel y los cantantes de ópera. Debes tener siempre en mente que lo que quieres es posible, eres capaz de conseguirlo y que, además, lo mereces.

Entonces, en base a ese ciclo comenzamos a tomar consciencia de nuestro propio cuerpo, de nuestro lenguaje corporal, de nuestra respiración.

Imagina por un momento que llegas ante un cliente nervioso, con la respiración agitada y cada paso que das durante la reunión, lo das lleno de inseguridad, mostrando con tu actitud corporal cuán incomodo e inseguro te encuentras con la situación. ¿Cuál crees que será el resultado?, ¿crees que podrás persuadir y ser un vendedor extraordinario luciendo nervioso e inseguro?

En cambio, una persona que en todo momento luce calmada, ecuánime, con control de sí mismo, consciente de su entorno, respira adecuadamente y actúa sin sobresaltos, confiado de sí mismo, de sus habilidades y del plan que ha trazado, esa es una persona que tiene altas posibilidades de lograr sus objetivos sencillamente porque se encuentra en el estado correcto para tener un alto desempeño.

Hay varias maneras de alcanzar estos estados de alto desempeño. Por ejemplo, si necesito confianza en mí mismo, entonces debo trasladar mi mente a un instante en el pasado donde yo haya tenido plena confianza de mis acciones, y por medio de la respiración consciente, copiar el patrón de comportamiento que tuve en ese momento y trasladarlo al presente. En PNL a esto se le conoce como «respirar lo que necesito», porque utilizamos la respiración como una forma de llevar nuestra fisiología hacia un nuevo estado, más adecuado al momento que nos enfrentamos.

Esta técnica es extremadamente útil para nuestro proceso de planificación, porque nos permite adoptar la fisiología que tuvimos cuando cerramos las ventas más exitosas de nuestro historial; podemos copiar las actitudes y el lenguaje corporal que tuvimos aquel día en que cerramos esa venta importante: trasladar al presente, a voluntad y con consciencia plena, la fisiología de un momento pasado. Se trata de un proceso extenuante que requiere de mucha práctica, por el hecho de que estamos haciendo conscientemente algo que realmente debería ocurrir a nivel inconsciente, pero son los resultados los que llevarán a comprobar que el esfuerzo merece la pena.

Y como podrás darte cuenta, cuando estamos por reiniciar el proceso de planeación para que se produzca nuevamente todo el proceso de venta, es el mejor momento para comenzar a utilizar esta práctica, que nos permite proyectarnos hacia el futuro con la actitud adecuada. Nada externo puede afectarnos a menos que nosotros mismos lo decidamos así, por tanto, decidamos conservar un estado de alto desempeño, donde somos plenamente capaces de conseguir todo aquello que nos merecemos por la sencilla razón de que tenemos la fiel convicción de que es posible.

Eso es lo que definitivamente marcará la diferencia en todos los aspectos de nuestras vidas. Eso es lo que convierte a un vendedor común en un vendedor de resultados extraordinarios.

Recordatorio:
En la dirección www.jamanza.com/resultados encontrarás ayudas que te servirán para navegar los contenidos de este libro.

ACERCA DE JAIME MANZANERA

Hola, mi nombre es Jaime Manzanera.

Sales Master + NLP Trainer, y más allá de eso, soy un ser humano que al igual que tú estoy en el camino y la constante búsqueda de la excelencia.

Mi mejor venta ha sido convencer a mi bella, inteligente y muy hermosa esposa de seguir a mi lado después de un par de décadas.

También he logrado vender a mis hijos la idea de ir por sus sueños, estudiar e invertir su tiempo, su energía y su dinero en lograr marcar la diferencia en el mundo, mediante la búsqueda de su excelencia personal.

Con más de 47 años de maravillosas experiencias, tanto personales como profesionales, me considero un aprendiz compulsivo, estudiante constante y una persona que a diario aprende algo nuevo, creyendo que algún día esto me llevará a la sabiduría.

Aprender me permite desarrollar nuevas habilidades y prepararme para ser cada día mi mejor versión, me permite además reinventarme constantemente y asumir nuevos retos.

La razón más importante por la cual estudio de manera incansable y me preparo para dar lo mejor de mí, es para conocer mejor cómo facilitar a que las demás personas obtengan los resultados que desean en sus vidas.

Desde niño tengo la particularidad de descubrir lo extraordinario en cada persona y en cada situación en la que me encuentro, lo cual me ha permitido un enorme crecimiento a nivel personal.

JAIME MANZANERA

Pero lo más importante para mí, más allá de mis logros a nivel profesional, es que puedas conocerme como ser humano, una persona común y corriente que, como tú, está trabajando para lograr sus sueños.

En todos mis años de experiencia profesional como formador, lo que ha mantenido intacta mi pasión es la oportunidad que me ha brindado la vida para crear un espacio en donde pueda compartir mis experiencias y conocimientos con las demás personas y con esto, ayudarles a alcanzar sus propósitos y la tan anhelada libertad que todos buscamos y que todos merecemos.

Ese es mi fin último, y es la razón por la que hago lo que hago con el mayor esmero y dedicación. Cada artículo, cada video, cada frase y cada instrucción tienen como único fin que todo el que reciba ese contenido pueda llegar al siguiente nivel de resultados y consiga una mayor libertad, sea financiera o de tiempo.

Toda mi experiencia profesional la he consagrado a hacer que las personas logren romper sus limitaciones mentales y consigan el éxito que tanto ansían.

Si me permites continuar guiándote en este camino, te garantizo que será altamente gratificante tanto para ti, como para mí.

@TuServicio
Jaime Manzanera – JaManza.com
Creador de **ROL® - Results Oriented Learning**
Creador de Spiritual Investors
Autor de múltiples libros y entrenamientos que puedes encontrar en www.jamanza.com/entrenamientos o en
www.spiritualinvestors.com

Página de Autor de Amazon:
http://www.Amazon.com/author/jamanza

SERVICIOS DE JAIME MANZANERA JAMANZA

Entrenamientos Personalizados Para Tu Empresa

Conversemos…

www.jamanza.com/entrenamientos

Excelencia Comercial +Programación Neurolingüística

Conversemos...
https://evolvo.la/conversacion/

He creado, evolucionado y utilizado la metodología **ROL® <Results Oriented Learning>** para transformar los resultados de organizaciones de ventas en sectores, industrias o rubros como:

Financiero, tecnologías de la información, telecomunicaciones, medios, inmobiliario, construcción, servicios, comercial, energía, logística, viajes, turismo, consumo masivo, software, cooperativo, automotriz, venta directa, servicios financieros, nuevos medios, software, hotelería, entre otros.

Si eres el responsable de los resultados de una organización comercial con metas de ventas claras, con un equipo de mínimo doce (12) profesionales y para ti tiene sentido invertir alrededor de dos mil dólares por persona en un entrenamiento para mejorar sus resultados, simplemente haz clic y separa el mejor momento para ti en mi agenda.

Será un honor diseñar y entregar este proceso de aprendizaje para facilitar tus resultados.

Certificación Internacional
ROL® Facilitator +NLP Practitioner
En Español e Inglés

Más información...
https://evolvo.la/Certificacion/

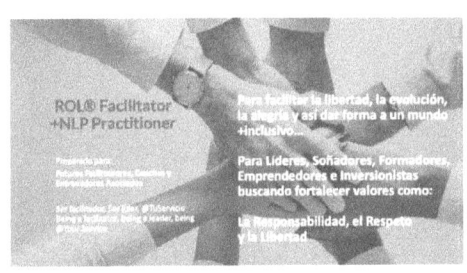

He tomado los más altos estándares posibles como Entrenador Certificado en Programación Neurolingüística y mi experiencia diseñando Procesos de Aprendizaje Orientados a Resultados para organizaciones, equipos e individuos para facilitar la libertad, la evolución, la alegría y así dar forma a un mundo +inclusivo...

Es para ti si eres líder, formadores, emprendedores e inversionistas buscando fortalecer valores como:

La Responsabilidad, el Respeto y la Libertad, en para tu vida y para transformar la vida de otros.

Imagínate una vida donde tu espíritu te entrega toda su inspiración mientras tu corazón te guía congruentemente, tu mente te empodera hacia tus resultados deseados, y tu cuerpo te lleva a actuar contundentemente...

Todo tu Ser rebosante de libertad, alegría, crecimiento y evolución.

Eso es tan solo un poco de lo que tu como participante de este proceso vivirás durante tu proceso para convertirte en Facilitador ROL® - Results Oriented Learning y Practicante de PNL.

Te convertirás en facilitador y practicante tiempo completo de la versión más extraordinaria de tu vida, la vida que tu quieres para ti y para otros.

Imagínate que esta transformación tuya, te entregue los procesos, estrategias y herramientas para ser el facilitador de los resultados de vida y negocios de otros.

Entrenamiento Online Grabado
Técnicas Avanzadas de Ventas con PNL

Más información...
https://jamanza.com/TecnicasAvanzadasPnl/

He diseñado este curso y el proceso que allí encontrarás para que actualices tu mentalidad y tu proceso de ventas con las más avanzadas técnicas de Programación Neurolingüística <PNL> aplicadas a la Venta Consultiva.

Las mejores prácticas, consejos, y técnicas para transformar tu forma de interactuar con tus prospectos, clientes (tomadores de decisión) y así llevarte a ti a un siguiente nivel en tus resultados de ventas.

Acá recibirás las mejores prácticas de miles de vendedores a quienes he tenido el honor de modelar y entrenar desde el año 2005.

Acá reemplazarás tus obsoletas y viejas estrategias de ventas por un modelo de Venta Consultiva + Programación Neurolingüística (PNL) único y especial para la venta de servicios y productos de Alto Valor.

En el siguiente enlace podrás tomar una decisión sobre cuando comienzas.

¡Nos vemos del otro lado!

Más información...

Entrenamiento Online Grabado
Reuniones Memorables
De Desconocido a Cliente en Máximo 55 Minutos

Más información...
https://jamanza.com/ReunionesMemorables/

He creado este curso y el paso a paso que recibirás, para ti que manejas reuniones con tus prospectos y con clientes.

Este entrenamiento actualizará la forma en que lideras tus reuniones, con lo mejor de la Venta Consultiva para manejarlas <pueden ser presenciales u online>, con técnicas de Programación Neurolingüística - PNL aplicadas a tu planeación, comunicación y venta de servicios a tus clientes.

Acá recibirás el proceso, la guía, y el formato que personalmente he utilizado y mejorado para mis reuniones con clientes corporativos (grandes y medianas) como personas (consultores, coaches, asesores).

También recibirás técnicas y prácticas para cambiar tu forma de decidir resultado de tus reuniones, conectar con tu cliente, generar confianza, preguntar para transformar, presentar para motivar y facilitar los resultados de tus prospectos y clientes.

Es el mismo proceso que entrego a mis clientes de coaching uno a uno para que Aumenten Sus Ventas en las primeras cuatro semanas, con una transformación total de sus reuniones.

Este modelo ha sido implementado con éxito para la venta de servicios en rubros, industrias y sectores como:

servicios profesionales <consultores, coaches, asesores>, financiero, tecnologías de la información, telecomunicaciones, medios, inmobiliario, construcción, servicios, comercial, energía, logística, viajes, turismo, consumo masivo, software, cooperativo, automotriz, venta directa, servicios financieros, redes sociales, software, hotelería, entre otros

Coaching Uno a Uno
Transformar tus resultados en máximo 10 semanas

Conversemos...
https://jamanza.com/UnoAUno/

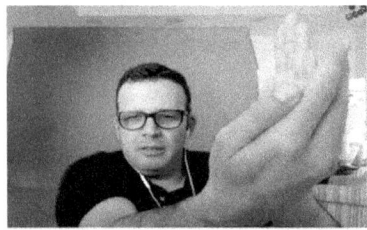 He creado este proceso para quienes tienen intenciones de mejorar sus resultados en las próximas semanas.

Conversemos y miremos si puedo o no servirte en el proceso.

Generalmente puedo ayudar fácilmente a altos directivos de organizaciones y/o consultores, coaches, asesores que quieren transformar sus resultados a través de actualizar su Ser.

Durante la reunión te diseñaré un plan para que logres lo que quieres y al finalizar te diré si puedo o no acompañarte a lograrlo.

Solo agenda la cita si es realmente importante para ti y estás dispuesto a invertir tu tiempo, dinero y energía en lograr tu resultado.

Por ahora simplemente tengamos una conversación, revisa mi agenda y elige la mejor hora para ti.

www.ingramcontent.com/pod-product-compliance
Lightning Source LLC
Chambersburg PA
CBHW072133170526
45158CB00004BA/1356